DROIT ROMAIN

LES CONCESSIONS DU CONNUBIUM

DROIT INTERNATIONAL

DE LA

NEUTRALITÉ PERPÉTUELLE

THÈSE POUR LE DOCTORAT

PAR

CAMILLE PICCIONI

SECRÉTAIRE D'AMBASSADE

PARIS

LIBRAIRIE NOUVELLE DE DROIT ET DE JURISPRUDENCE

ARTHUR ROUSSEAU, ÉDITEUR

14, RUE SOUFFLOT ET RUE TOULLIER, 13

1891

THÈSE

POUR LE DOCTORAT

DROIT ROMAIN

LES CONCESSIONS DU CONNUBIUM

DROIT INTERNATIONAL

DE LA
NEUTRALITÉ PERPÉTUELLE

THÈSE POUR LE DOCTORAT

L'ACTE PUBLIC SUR LES MATIÈRES CI-APRÈS

Sera soutenu le Lundi 20 Avril 1891, à 2 heures 1/2 du soir

PAR

Camille PICCIONI

SECRÉTAIRE D'AMBASSADE

Président : M. RENAULT.

Suffragants :
MM. JALABERT, *Professeur.*
JOBBÉ-DUVAL, *Professeur-adjoint.*
GIRARD, *Agrégé.*

PARIS

LIBRAIRIE NOUVELLE DE DROIT ET DE JURISPRUDENCE

Arthur ROUSSEAU, Éditeur

14, RUE SOUFFLOT ET RUE TOULLIER, 13

1891

DROIT ROMAIN

LES

CONCESSIONS DU CONNUBIUM

L'existence à Rome de mariages contractés sans connubium est aujourd'hui reconnue, et divers auteurs ont étudié les effets de ces mariages en les comparant à ceux des justes noces de deux citoyens. Mais il reste à examiner quels seraient les effets d'un mariage contracté entre un conjoint citoyen et un conjoint non citoyen qui aurait bénéficié d'une concession générale ou spéciale de connubium, c'est-à-dire qui, sans recevoir le droit de cité, aurait reçu cependant le droit de célébrer les Noces Romaines. C'est là le but de cette étude.

CHAPITRE PREMIER

POSITION DE LA QUESTION ET HISTORIQUE

Il ne faudrait pas assimiler à l'union de deux époux citoyens romains le mariage contracté, en vertu d'une concession générale ou spéciale de *connubium*, entre deux conjoints dont l'un n'est pas citoyen. Sans doute le *non civis*, qui a reçu le *connubium,* se trouve, au point de vue du mariage, dans une situation supérieure à celle des autres *non cives :* il peut contracter le mariage romain, ce qui est interdit à ces derniers. Mais ce serait une erreur de croire que, même au point de vue des seuls droits de famille, il soit assimilé aux citoyens romains. En effet le *jus connubii*, c'est-à-dire le droit de contracter un mariage valable aux yeux du Droit civil romain, n'est qu'un élément du Droit de cité romaine, et un élément dont tous les effets particuliers ne se produisent qu'à l'égard des personnes jouissant des autres démembrements du *jus civitatis.*

Nous nous proposons donc de démontrer que l'union conclue entre un étranger concessionnaire du *jus connubii* et une citoyenne romaine (ou entre un citoyen et une *non civis* concessionnaire du *jus connubii*), tout en étant inférieure aux justes noces de deux citoyens, sera en général plus favorisée, plus avantageuse pour les conjoints, que l'union qu'ils auraient dû contracter si le conjoint *non civis* n'avait pas reçu le *connubium*.

Le but de cette étude est, par suite, de montrer l'intérêt que peuvent avoir les diverses classes de non citoyens à demander le *connubium* avec les Romains et l'intérêt que peuvent avoir ceux-ci à le leur accorder, d'examiner si la concession de *connubium* est toujours possible, enfin de préciser, suivant les cas, les effets des justes mariages mixtes ainsi contractés.

Mais, avant d'aller plus loin, il convient de définir exactement le Droit de cité et le *jus connubii*.

On entend par Droit de cité romaine l'ensemble des droits inhérents à la qualité de citoyen romain. Le Droit de cité comprend donc : 1° tous les droits politiques, auxquels il faut joindre certains privilèges judiciaires ; 2° le *jus commercii*, c'est-à-dire le droit d'employer tous les modes de transmission de la propriété particuliers au Droit civil romain ; 3° enfin le *jus connubii*.

Le mot *connubium* a deux sens.

Dans son sens absolu il signifie l'aptitude à contracter le mariage romain, les *justæ nuptiæ* (Ulp. V, 3) ; et c'est dans ce sens que nous le prendrons dans cette étude. C'est ainsi que l'on dit que les citoyens romains seuls ont le *connubium*, tandis que les Latins et les Pérégrins ne l'ont qu'en vertu d'une concession spéciale.

Dans un sens plus général, le mot *connubium* signifie l'absence d'empêchements politiques ou moraux au mariage. Ainsi, par exemple, bien que les citoyens romains aient le *jus connubii* entre eux, un citoyen ne pourra pas épouser sa nièce même si elle est citoyenne. On dira donc qu'il n'y a pas *connubium* entre l'oncle et la nièce (Ulp. V, 2-7). Et dans ce sens il est permis de dire que même les mariages contractés entre non-citoyens exigent le *connubium*, car le Droit romain n'était pas seul à déclarer que la parenté mettait obstacle au mariage.

Mais revenons à notre première signification. Le *jus connubii*, dans son premier sens, a été complètement défini par M. Frénoy (Thèse pour le doctorat), dans les termes suivants : Le *jus connubii*, dit-il, « c'est le droit de se marier en justes noces... c'est la faculté d'avoir la *manus* ; c'est la faveur de pouvoir seul, avec le père de sa femme, pendant soixante jours, poursuivre l'adultère ; c'est la puissance paternelle avec ses effets sur les biens et la personne de l'enfant ; c'est l'agnation avec ses conséquences (droit de succession *ab intestat* et tutelle légitime) ».

Le *jus connubii* produira-t-il toutes ces conséquences quand il sera accordé à des *non cives* ? c'est ce que nous allons examiner. Ce qui fait l'intérêt de cette question, c'est ce que l'histoire romaine nous offre de nombreux exemples de concessions du *jus connubii*.

En effet si, à l'origine, Rome, comme les autres cités antiques, a été une cité fermée, on comprend aisément que les nécessités politiques et économiques n'aient pas permis aux Romains, pas plus qu'aux autres peuples, de persister dans cet état d'isolement. Mais ce qu'il y a de re-

marquable dans l'histoire romaine, c'est que Rome fit de
la concession du *jus connubii* un instrument de domination ; elle eut, dès le début, pour principe, de ne pas traiter
de la même manière les peuples vaincus (Tite-Live, VIII,
14), leur accordant, suivant les cas, tel ou tel démembre-
ment du Droit de cité. Il arriva même que le Droit de cité
romaine ou le *jus connubii* ne furent accordés qu'à une
fraction ou même à une seule personne du peuple vaincu
(Tite-Live, VIII, 14 ; XXXVIII, 36, etc.). Nous verrons
que pour les alliés aussi le traitement était différent ; de
sorte que Rome, en s'attachant les uns, en semant la division parmi les autres, arriva rapidement à une grande
puissance. Alors sa politique change : la concession du *jus
connubii* devient un moyen d'assimiler les races sujettes en
favorisant le mariage des Romains établis, notamment
comme légionnaires, au milieu d'elles. Puis, l'empire romain finissant par confondre ses limites avec celles du
monde connu, l'empereur Caracalla déclare tous ses sujets
citoyens, les concessions de *connubium* disparaissent, et
l'empire romain, affectant de ne plus redouter personne,
revient au système d'isolement qui avait marqué les débuts
de la bourgade des bords du Tibre. En résumé la Cité romaine, d'abord fermée, négocie ensuite avec les diverses
cités du monde connu des Romains (*orbis romanus*), puis
s'assimile peu à peu et par des procédés différents tous
les habitants de l'*orbis romanus*, jusqu'au jour où, l'empire
romain et l'*orbis romanus* ne faisant plus qu'un, il n'y a
plus, aux yeux du Droit romain, que deux classes d'indi-

vidus, les sujets de l'Empereur et les barbares, de même qu'on n'avait connu, au début, que des citoyens de Rome et des ennemis.

De là, dans l'histoire des concessions du *jus connubii*, diverses périodes, que nous allons brièvement examiner.

PREMIÈRE PÉRIODE

DE LA FONDATION DE ROME A LA CHUTE DE LA CONFÉDÉRATION LATINE (416 U. C.).

Nous avons dit qu'au début Rome, en dehors de ses citoyens, ne connaissait que des ennemis. En effet dans la cité antique il n'y a pas, à l'égard de l'étranger, un droit international indépendant des traités. L'existence de rapports internationaux est, au contraire, une exception (1), résultant de l'existence d'une convention provisoire ou perpétuelle (2). Les Romains sentirent de bonne heure la nécessité de ces conventions, et ils appelèrent *amicitia* ou *hospitium publicum* (droit d'hospitalité public) le lien de droit international durable qui naissait de ces traités quand ils étaient perpétuels.

C'est par les habitants du Latium, leurs voisins immédiats, que les Romains prirent nécessairement le contact de l'étranger. Ces Latins furent appelés plus tard *Latini veteres*, par opposition à certains affranchis et à certains

---

(1) Mommsen, *Droit public romain*, trad. Girard, VI, 2ᵉ p., p. 207.

(2) V. aussi Egger, *Étude historique sur les traités publics chez les Grecs et chez les Romains*.

habitants des colonies romaines qui reçurent, sous le nom de *Latini novi*, une partie des privilèges dont jouissaient alors les *Latini veteres*.

Or les traités d'*amicitia* et les traités d'alliance conclus par Rome avec les cités du Latium contiennent d'ordinaire une concession *générale et réciproque* du *jus connubii*. Cela se comprend d'autant plus que jusqu'à la loi *Canuleia* (309 u. c.) le mariage était interdit à Rome entre les patriciens et les plébéiens, de sorte que les premiers étaient poussés à contracter des mariages avec les patriciens des autres cités. Ces concessions de *connubium* cimentaient d'ailleurs l'alliance des deux cités, et l'union des patriciens du Latium obligés de résister partout aux exigences de la plèbe. Et elles se comprenaient d'autant plus que les Romains et les Latins avaient des mœurs semblables, des traditions analogues et des croyances religieuses à peu près identiques (Tite-Live, I, 3, 45).

Tite-Live et Denys d'Halicarnasse font constamment allusion à ces concessions générales de *connubium*. Tite-Live, après avoir constaté qu'au début les Romains n'avaient pas le *connubium* avec les cités voisines (1), nous représente la République romaine envoyant des ambassadeurs aux peuples limitrophes pour demander leur alliance et la concession réciproque de *connubium*, « *societatem connubiumque* » (I, 9). L'histoire des Horaces et des Curiaces montre que de nombreux mariages unissaient les

------

(1) *Cùm finitimis connubia non erant* (I, 9).

Albains et les Romains, et Tite-Live a pu s'écrier que
la guerre contre Albe fut une guerre civile. Mais c'est
à tort que Voigt (1) et d'autres auteurs ont soutenu que
tous les *Latini veteres* avaient le *connubium;* il n'y a
jamais eu de concession générale de ce genre faite à
tous les membres de la confédération latine. Au moins
n'y en a-t-il pas de trace dans les textes. Tite-Live nous
parle même d'un traité d'alliance avec les Campaniens
qui précéda la concession réciproque de *connubium :*
« *Campanos fœdere, deinde connubio, postremo civitate
nobis conjunximus.* » Ce texte (XXXI, 31) est remarquable,
car il résume d'une façon claire et concise le système d'as-
similation progressive qui caractérisait alors la politique
romaine. En somme il est probable que la généralité des
Prisci Latini finit par avoir le *connubium;* mais on n'arriva pas à ce résultat par une concession faite à tous les
Prisci Latini; il fut atteint, soit par des concessions collec-
tives et réciproques faites successivement à telle ou telle
cité, soit au moyen de traités d'alliance dont une clause
était relative au *connubium.*

IIᵉ PÉRIODE

DE 416 AU VIIᵉ SIÈCLE.

La soumission de la ligue latine marque le commence-
ment d'une seconde période. Les Romains vainqueurs dé-

______

(1) *Das jus naturale, bonum et æquum, und jus gentium der Rœmer*
(t. II).

cidèrent de ne pas traiter de la même manière les cités latines vaincues (Tite-Live, VIII, 14) ; on accorda donc à certaines d'entre elles le droit de cité romaine, tandis que d'autres eurent le droit de cité *sine suffragio*, c'est-à-dire le droit de cité diminué des Droits politiques et réduit par conséquent au *commercium* et au *connubium*. En même temps les Véliternes étaient réduits à l'état de Déditices, tandis que les Antiates recevaient la faculté de demander à être assimilés aux Latins coloniaires et n'obtenaient par conséquent que le *commercium*. Enfin dans d'autres cités le traitement appliqué par les Romains aux vaincus différait suivant les personnes.

Depuis cette défaite des Latins on ne trouve plus de trace d'une concession générale et réciproque de *connubium* résultant d'un traité. Certaines cités situées en dehors du *Latium* obtiennent le *jus Latii*, c'est-à-dire que leurs habitants sont assimilés aux *Latini novi* dont nous allons parler et qui n'avaient que le *commercium :* on traite de même les habitants des colonies romaines.

Désormais donc Rome victorieuse fait des concessions personnelles du *jus connubii*. Ces concessions ne résultent plus d'un traité, elles ne s'adressent plus guère à toute une ville : elles sont faites à un ou plusieurs individus que le peuple romain juge dignes de cette faveur ou qui se trouvent dans une situation spéciale. Ces concessions deviennent, d'ailleurs, moins fréquentes, car on aime mieux accorder le Droit de cité romaine aux peuples amis (1), ou

____

(1) *Rem romanam augebant, victos in civitatem vocando* (Tite-Live .

respecter leur droit local ; d'autre part, si les Latins nouveaux n'ont que le *commercium*, il faut dire aussi qu'ils
peuvent arriver aisément au Droit de cité. Enfin le *jus gentium* se forme vers le VIe siècle, et l'on reconnaît certains
droits aux étrangers. Toutes ces causes font que la concession du *jus connubii* cesse d'être employée par la politique
romaine pour conclure et garantir les alliances : mais elle
reste encore comme un moyen de diviser les sujets de
Rome, et de récompenser certains d'entre eux qu'on ne
veut pas favoriser autrement. Bientôt, d'ailleurs, la concession du *connubium* va prendre le caractère qu'elle aura
dans la troisième période : elle va servir surtout aux
Romains pour s'assimiler leurs sujets en régularisant
certaines situations.

Tite-Live nous a conservé le récit d'une concession de
connubium qui fut faite dans ce but (Tite-Live, XXXVIII,
36 ; Voigt. II, p. 250). En l'an 565 de Rome des Campaniens, qui avaient été bannis en 544 de leur patrie et réduits à l'état de déditices, demandèrent au Sénat le droit
de contracter un *justum matrimonium* avec les citoyennes
de Rome, et la faveur de voir considérer comme *justa matrimonia* les mariages déjà contractés par eux avec des
Romaines, de façon que les enfants déjà nés de ces mariages fussent leurs *justi liberi* et leurs héritiers légitimes. Le
Sénat, dit Tite-Live, leur accorda satisfaction sur tous les
points. *Campani petierunt ut sibi cives romanas ducere
uxores liceret ; et, si quas prius duxissent, ut habere eas, et
antè eam diem nati, uti justi sibi liberi hæredesque essent.*

Utraque res impetrata. Ici les Campaniens obtiennent trois choses : ils obtiennent le *jus connubii* pour leurs mariages à venir, et ils obtiennent que les mariages déjà contractés soient considérés, et pour les enfants déjà nés, et pour les enfants à naître, comme contractés en vertu du *jus connubii.* La concession de *connubium* est donc ici rétroactive.

IIIᵉ PÉRIODE

DU VIIᵉ SIÈCLE A CARACALLA.

L'extension du Droit de cité à tous les *Latini veteres* en 664 marque la fin de cette deuxième période. A partir de ce moment les concessions du Droit de cité se multiplient. L'année suivante le Droit de cité est accordé à toute l'Italie, et en 705 César l'étend à la Gaule cisalpine. Les empereurs suivent la même politique ; et enfin Caracalla déclare citoyens tous les sujets de l'Empire.

Dans la troisième période les concessions de *connubium* sont devenues tout à fait individuelles. Gaius (I, 76, 77, 78, 80) fait fréquemment allusion à des concessions de *connubium* faites soit à des pérégrins, soit à des *Latini novi.* (Ces derniers, comme nous l'avons vu, n'ont en principe que le *jus commercii.*)

Mais ce sont surtout les pérégrines et les latines qui épousent des militaires qui sont l'objet de ces concessions individuelles, et c'est ici que l'on voit les Romains se servir de la concession du *jus connubii* pour s'assimiler les populations indigènes voisines de leurs garnisons ou de leurs camps permanents.

L'armée romaine n'étant devenue permanente que depuis Auguste, toutes les faveurs faites aux militaires ou à leurs familles datent de l'Empire. Elles s'expliquent d'abord par la nécessité où étaient les empereurs de s'appuyer sur l'armée, puis par l'impossibilité où se trouvaient les soldats, formant désormais une classe spéciale et tenant souvent garnison dans des postes lointains, de remplir toutes les formalités légales. Il faut ajouter à cela, comme nous l'avons dit, le désir d'assimiler rapidement aux Romains les militaires non-citoyens auxquels on a ouvert l'accès des légions et les populations vivant autour des camps. C'est ainsi que les militaires citoyens jouissaient de privilèges spéciaux en matière de testament, et pouvaient, du vivant de leur père, posséder une fortune personnelle appelée *pécule castrense*. A ces privilèges les diplômes militaires (*tabulæ honestæ missionis*), conférés aux soldats au moment de leur libération, en ajoutaient souvent d'autres relatifs au *connubium* (1).

Grâce aux recherches des épigraphistes, et notamment à l'étude des inscriptions de Lambessa et d'Ephèse, on est aujourd'hui en possession de soixante-dix-neuf de ces diplômes. Presque tous peuvent se ramener à deux formules générales (2). Les diplômes décernés aux vétérans citoyens

____

(1) V. l'intéressante étude de M. Mispoulet sur le *Mariage des soldats romains*.

(2) V. Mommsen, *Corpus inscriptionum latinarum*, III, p. 843-919.

leur donnent le droit de contracter un mariage valable aux yeux du Droit civil romain avec la première femme, latine ou pérégrine, qu'ils épouseront après leur congé. C'est ce que confirme d'ailleurs Gaius (1, 57) dans les termes suivants : « *Veteranis quibusdam concedi solet principalibus constitutionibus connubium cùm his Latinis peregrinisve quas primas post missionem uxores duxerint ; et qui ex eo matrimonio nascuntur et cives Romani et in potestate parentum fiunt.* » Il est facile de voir qu'ici le texte emploie le mot *connubium* dans un sens spécial ; ce n'est pas en réalité au vétéran, qui est déjà citoyen et a par suite le *jus connubii*, que la concession impériale est faite ; c'est à la femme latine ou pérégrine que l'empereur accorde le *jus connubii*.

Les diplômes des vétérans non citoyens leur confèrent d'abord le Droit de cité. De plus, si le vétéran est célibataire, ils confèrent le *jus connubii* à la première femme latine ou pérégrine qu'il épousera après son congé ; et, si le vétéran est déjà marié, s'il s'est marié *ante missionem*, ils donnent le *jus connubii* à son épouse latine ou pérégrine (*uxores quas tunc habuissent*).

On s'est demandé si ces concessions de *connubium*, résultant des diplômes militaires, étaient rétroactives. Nous examinerons plus loin cette question.

IVe PÉRIODE

DE CARACALLA A JUSTINIEN.

Il semble que la Constitution de Caracalla, qui déclara citoyens tous les sujets de l'Empire, aurait dû mettre fin aux concessions du *jus connubii*. Mais cette Constitution n'a pas eu une portée aussi générale que le texte qui nous l'a conservée semble le faire croire (1). En effet il existe encore après Caracalla des Latins Juniens et des affranchis déditices, puisque ces deux catégories de *non cives* ne furent supprimées que par Justinien (Code VII, t. 5 et 6). On subit encore après lui la *media capitis deminutio* à la suite de la condamnation à la déportation, puisque, d'après les Institutes, cet effet de la condamnation à la déportation se produit encore sous Justinien. Enfin le tiers environ des diplômes militaires dont nous avons parlé *ont été délivrés par des successeurs de Caracalla*, notamment par Dèce et Dioclétien, ce qui prouve qu'il y a encore après Caracalla de nombreuses pérégrines. Et, comme il est impossible de supposer que ce sont toutes d'ex-citoyennes ou des filles d'ex-citoyens déportés, il faut en conclure soit que la Constitution de Caracalla ne s'appliqua qu'aux *peregrini cum certâ civitate*, soit, puisque son texte ne paraît pas avoir distingué entre les pérégrins, qu'elle ne s'appliqua qu'aux pérégrins des provinces faisant alors partie de l'Empire.

---

(1) *In orbe Romano qui sunt a constitutione divi Antonini cives Romani effecti sunt* (fr. 17, D., *de statu hom.*).

On voit donc que la Constitution de Caracalla a eu simplement pour effet de restreindre les concessions de *connubium* : elles gardent le même caractère que dans la période précédente, mais elles sont devenues plus rares.

Ve PÉRIODE

DROIT DE JUSTINIEN.

Nous avons dit que sous Justinien il n'y a plus guère d'autres pérégrins que les déportés. Rome est à peu près revenue à la classification primitive des hommes libres en deux seules catégories, et les Constitutions romaines ne reconnaissent pas plus de droits aux barbares que les premiers Romains n'en avaient reconnu à leurs *hostes*.

Telle est l'histoire des concessions de *connubium*. Il reste maintenant à se demander quels sont les *non cives* qui ont pu bénéficier de ces concessions. Nous étudierons ensuite les conditions d'existence, les effets et les modes d'extinction ou de transformation des mariages ainsi contractés.

CHAPITRE II

On entend par *non cives* les hommes libres qui ont fini par jouir de certains droits à Rome. L'*hostis* (1), et plus tard le *barbarus*, ne sont donc pas compris sous cette dénomination.

Les *non cives* se réduisent donc à deux catégories : les Latins et les Pérégrins.

Les Latins ne sont pas autre chose que les Pérégrins du Latium (Gaius, I, 79) ou les personnes qui ont été assimilées aux pérégrins du Latium. Nous avons vu, en effet, que l'on distingue les *Latini veteres* et les *Latini novi*.

Les *Latini veteres* sont les peuples de l'ancienne union latine, soumise par Rome en 416. Nous avons montré qu'ils avaient fini en général par obtenir le *jus connubii*. On ne saurait arguer en sens contraire d'un texte d'Ulpien, qui dit que les latins n'ont le *connubium* qu'en vertu d'une concession spéciale (Reg. V, 4) ; car Ulpien écrit bien longtemps après la disparition des *Latini veteres*, et ne parle évidemment que des *Latini novi*. Tout au plus peut-on se servir du texte d'Ulpien pour achever de dé-

______

(1) *Adversus hostem æterna auctoritas* (Loi des XII Tables).

montrer qu'il n'y a jamais eu de concession générale de *connubium* faite à toute la confédération latine.

Les *Latini novi* comprennent les Latins coloniaires et les Latins juniens.

Les Latins coloniaires n'ont pas le *jus connubii*. On appelle ainsi les Romains qui se sont fixés dans une colonie, et ont perdu *ipso facto* le Droit de cité à Rome (1). Toutefois les Latins ont le *commercium*, comme les *Latini veteres*, et on leur facilite l'acquisition du Droit de cité (Ulp. V, 4 ; Gaius, I, 95, 96).

Enfin on appelle Latins juniens certains esclaves qui ont été irrégulièrement affranchis et que la loi *Junia Norbana* a assimilés aux Latins des colonies. Nous verrons cependant qu'ils ont des privilèges spéciaux en matière d'acquisition du Droit de cité ; de plus ils peuvent être tuteurs. Mais, comme les Latins des colonies, ils n'ont pas le *connubium*.

Les *Latini novi*, n'ayant pas en principe le *jus connubii*, auront intérêt à demander une concession individuelle de *connubium*, quand ils ne se trouvent pas dans l'une des hypothèses où ils peuvent parvenir au Droit de cité. Et, en effet, nous avons vu que les textes de Gaius et les diplômes militaires font allusion à des concessions individuelles de *connubium* faites à des *Latini novi* ou à des *Latinæ novæ*.

Les Pérégrins, ou étrangers proprement dits, se subdivisent également en deux catégories.

---

(1) V. au sujet du *jus Latii* la p. 65.

On distingue d'abord les Pérégrins *cum certâ civitate*, auxquels le préteur appliquera leur droit local (fr. 1, *ad municipalem*, L. 1 ; Gaius, I). Les Pérégrins *cum certâ civitate* sont les habitants des villes qui ont traité avec Rome sur un pied d'égalité, ou qui se sont soumises aux Romains en obtenant de conserver leur droit local (V. Mommsen, *op. cit.*, t. VI ; Tite-Live, IX, 43). Ceux-ci auront, suivant les époques, plus ou moins d'intérêt à obtenir le *jus connubii :* c'est ce que nous démontrerons à propos de la loi *Minicia* et du sénatus-consulte d'Adrien.

Aux Pérégrins *cum certâ civitate* on oppose les Pérégrins *sine certâ civitate,* c'est-à-dire les personnes qui ont perdu le Droit de cité romaine ou pérégrine, ou qui n'ont jamais eu de patrie. On leur appliquera le *jus gentium,* et on leur assimilera, suivant toute vraisemblance, les Pérégrins ayant une patrie certaine, mais originaires des villes qui ne sont pas comprises dans le monde connu des Romains, et qui n'ont par suite jamais obtenu la reconnaissance de leurs droits locaux, ni à titre de cités alliées, ni à titre de cités sujettes (De Bœck, *Essai sur le préteur Pérégrin,* p. 134-135 ; Spannheim, *Orbis Romanus*).

Parmi les Pérégrins *sine certâ civitate* doivent être rangés les peuples qui se sont rendus à discrétion aux Romains, *qui se dediderunt.* En effet, par la formule de la *deditio,* que nous a conservée Tite-Live (I, 38 ; VII, 31 ; XXVI, 33), la cité vaincue livrait à Rome ses habitants avec leurs biens sacrés et profanes, son territoire et ses temples. Telle était la situation des déditices Campaniens dont nous avons parlé, et qui demandèrent le *jus connubii* en 565.

On voit que ce sont surtout les Pérégrins *sine certâ civitate* qui auront intérêt à obtenir le *jus connubii*. Et, parmi eux, les plus intéressés à demander une telle faveur seront les Pérégrins déditices, car, non seulement ils ne peuvent invoquer que le *jus gentium* comme les *peregrini sine certâ civitate*, mais de plus il leur est interdit d'aspirer au Droit de cité (Gaius, I, 68).

Si rien ne s'oppose à ce que les affranchis Latins juniens obtiennent le *jus connubii*, il n'y a pas lieu en revanche de ranger parmi les *non cives* susceptibles de l'obtenir les affranchis que la loi *Ælia Sentia* place *dedititiorum numero* (Gaius, I, 26-27). L'expression employée par cette loi est, en effet, impropre. Les affranchis ainsi qualifiés sont ceux qui ont commis certaines fautes pendant leur esclavage ; non seulement ils ne peuvent jamais arriver au Droit de cité, mais de plus ils ne peuvent paraître ni à Rome ni aux environs de Rome sous peine de retomber en esclavage (Gaius, *loc. cit.*). Ils sont placés au dernier degré des hommes libres (*pessima libertas*) ; et il n'y a pas apparence que l'un d'eux ait jamais été l'objet d'une concession du *jus connubii*.

CHAPITRE III

CONDITIONS D'EXISTENCE DU MARIAGE CONTRACTÉ EN VERTU
D'UNE CONCESSION DE CONNUBIUM.

La concession du *jus connubii* permet, nous l'avons dit, à un *non civis* de contracter un mariage civilement valable aux yeux du Droit romain ; mais elle ne saurait avoir pour effet de transformer le concessionnaire en citoyen. Il en résulte qu'on ne pourra exiger de lui, pour contracter mariage, que les conditions que l'on peut exiger d'un non-citoyen, de même que le mariage ne produira à son égard que les effets qu'il peut produire chez un non-citoyen.

Or les justes noces exigent trois conditions pour être valables : le *connubium*, la puberté, le consentement (Ulp. V, 2).

Pour l'époux citoyen ces conditions seront donc exigées dans toute leur rigueur.

Quant à l'époux non-citoyen, il se trouve posséder le *jus connubii* en vertu de la faveur dont il vient d'être l'objet. Le *connubium lato sensu* sera aussi exigé de lui, c'est-à-dire qu'il ne pourra contracter mariage avec un parent ou un allié, puisque le Droit romain interdisait, dans ce cas, le mariage à son futur conjoint.

Quant à la puberté, elle est exigée par toutes les législations, et la loi romaine l'exige même dans le concubinat (fr. 1, § 4, D., *de concub.*). C'est donc une condition de Droit des gens, et par suite on l'exigera de l'époux non citoyen. — Si cet époux est un Latin coloniaire ou un Pérégrin *cum certâ civitate*, on suivra, en vertu du système du statut personnel qui florissait à Rome, son droit local pour déterminer l'époque de la puberté. Pour les autres *non cives* il faudrait suivre l'époque fixée par le Droit des gens, si le Droit des gens pouvait fixer la date de l'apparition d'un état physique qui est, suivant les climats, plus ou moins précoce ; force sera donc de suivre la date fixée par le Droit romain, qui, en cas de silence du Droit des gens, devait sans doute être appliqué en son lieu et place, comme une sorte de raison écrite. On sait, d'ailleurs, que le Droit romain a varié au point de vue de la fixation de l'âge de la puberté chez l'homme : mais l'examen de cette controverse ne rentre pas dans notre sujet.

Enfin, quant au consentement, si c'est le mari qui est citoyen, il lui faut : 1° son propre consentement; 2° le consentement de son père, en vertu du principe que nul ne peut avoir des héritiers siens malgré lui (*Inst.* I, 11, § 7) (en effet les enfants à naître seront *hæredes justi* de leur grand-père); 3° si le père de l'époux n'est pas encore *sui juris*, le consentement du *paterfamilias* ou du chef de famille, en vertu du même principe.

Si le mari n'est pas citoyen, il faudra exiger néanmoins son propre consentement, car le consentement est une condition de Droit des gens, exigée même des concubins. Du reste, nous verrons que, dans notre mariage aussi, les enfants sont, aux yeux du Droit romain, *hæredes justi* de leur père (Tite-Live, XXXVIII, 36) ; or celui-ci ne peut pas avoir, aux yeux du Droit romain, des héritiers siens malgré lui.

Quant au père de l'époux, son consentement ne sera exigé que si le droit local le réclame, soit que ce droit local l'exige comme conséquence de la puissance paternelle pérégrine (Gaius, I, 55), soit que ce droit local déclare les enfants à naître, — dans le cas où, le père étant pérégrin, ils naissent pérégrins (V. *infrà*), — héritiers siens de leur grand-père. Mais, si le droit local ne l'exige pas, ou s'il n'y a pas lieu d'appliquer le droit local, il ne sera pas exigé. En effet la *patria potestas* n'est pas de Droit des gens (Gaius, I, 55) ; et, d'autre part, dans le cas où c'est le père qui est pérégrin, aucun texte ne nous dit que ses enfants fussent aux yeux du Droit romain héritiers siens de leur grand-père.

On raisonnerait de même pour le consentement du grand-père de l'époux, en supposant une législation pérégrine qui mette l'époux sous la puissance de son grand-père.

Quant à la femme, on exigera toujours son propre consentement, puisque c'est là une condition de Droit des gens. De plus, si elle est citoyenne et *alieni juris*, elle ne pourra se marier qu'avec le consentement des personnes sous la puissance desquelles elle se trouve, et sous la puissance desquelles elle restera, notre mariage mixte n'engendrant pas, comme nous le verrons, la puissance maritale appelée *manus*.

Passons aux formes de célébration du mariage. Tout le monde s'accorde à reconnaître que le mariage était à Rome un contrat consensuel, c'est-à-dire un contrat se formant par le seul consentement. En effet, depuis la disparition des solennités religieuses de la *confarreatio*, il pouvait se former même *inter absentes* (Paul, *Sent.* II, 19, § 8, fr. 5, **D.**, *de ritu nupt.*).

Notre mariage se formera donc aussi par le seul consentement, car le consentement le rend valable aux yeux de l'époux citoyen, et, d'autre part, le *jus connubii* a, ne l'oublions pas, conféré à l'époux non citoyen tous les droits qui ne sont pas incompatibles avec sa qualité de *non civis*. Donc, si le Droit romain interdit au conjoint latin ou pérégrin, même concessionnaire du *connubium*, de prendre part aux formalités de la *confarreatio* ou de la *coemptio*, formalités qui étaient, comme nous le verrons plus loin, réservées aux seuls citoyens, il ne peut pas lui défendre de contracter mariage *solo consensu*. De sorte que lorsque les justes noces, débarrassées des formalités primitives, furent devenues un contrat purement consensuel, il n'y eut plus de différence à ce point de vue entre les justes noces de deux citoyens et les justes noces mixtes que nous étudions ici.

On discute la question de savoir si, pour que les justes noces se forment, il doit y avoir au moins *deductio* de la femme *in domum mariti*. Nous n'avons pas à examiner ici cette controverse ; mais il résulte de ce que nous venons de dire que la solution qu'on lui donnera pour les justes noces de deux citoyens s'appliquera également ici.

CHAPITRE IV

La concession du *jus connubii* peut être faite soit à un
non-citoyen pour épouser une Romaine, soit à une non-ci-
toyenne pour épouser un Romain. De là deux hypothèses,
que nous allons étudier successivement.

Nous verrons que, dans la seconde, c'est-à-dire quand
c'est le mari qui est citoyen, notre mariage mixte se rap-
proche sensiblement des justes noces contractées entre
deux citoyens *sine manu*. Au contraire les anciennes justes
noces, dans lesquelles la femme était *in manu mariti*, dif-
fèrent notablement des mariages mixtes étudiés ici, et
même de ceux qui rentrent dans la seconde hypothèse.

On sait, en effet, que dans le Droit romain primitif le
mari exerçait sur sa femme une sorte de puissance, appelée
la *manus*, analogue à la puissance paternelle : la femme
était *loco filiæ* par rapport à son mari (ou au *paterfamilias*
de son mari), et son patrimoine, si elle en avait un, se con-
fondait avec celui de son mari ou de la famille de son mari.
Cette puissance du mari existait toujours dans l'ancien mariage des patriciens, qui se célébrait avec les formes religieuses de la *confarreatio*. Mais la *manus* s'acquérait aussi

de deux autres manières (Gaius, I, 111) : par la *coemptio*, sorte d'achat fictif de la femme, et par l'*usus*. L'*usus* se produisait lorsque deux personnes mariées cohabitaient pendant le laps ininterrompu d'une année. Cette sorte de possession donnait au mari la *manus* sur sa femme ; mais celle-ci pouvait l'interrompre en quittant le domicile conjugal pendant trois jours (*trinoctium*). Ces deux derniers modes d'acquisition de la *manus* ne durent apparaître que lorsque la loi *Canuleia* étendit le *jus connubii* aux plébéiens (309 u. c.).

L'*usus* suppose l'existence d'un mariage *sine conventione in manum mariti*. Et, en effet, le Droit romain n'avait pas tardé à admettre l'existence d'un mariage légitime où la femme gardait sa liberté, si elle était *sui juris*, ou bien restait soumise à son *paterfamilias*. Ce mariage, qui est caractérisé par l'institution de la dot, était sans doute l'ancien mariage des plébéiens ou l'ancien mariage de Droit des gens, c'est-à-dire l'ancien mariage sans *connubium*. Ici le patrimoine de la femme restait distinct de celui du mari : ces justes noces *sine manu* devinrent donc les plus nombreuses, surtout lorsque les mariages furent devenus fréquents entre les deux ordres et commencèrent à être inspirés par des considérations pécuniaires.

Le mariage contracté en vertu d'une concession de *connubium* ne peut donc constituer que des justes noces *sine manu*. Il ne saurait y avoir, en effet, communauté de culte domestique entre deux personnes de nationalité différente ; et, d'autre part, il est contraire à l'esprit du Droit romain de faire exercer par un étranger sur un citoyen ou réciproquement une de ces puissances, telles que la *manus* ou la *patria potestas*, qui sont caractéristiques du vieux Droit des Romains (Gaius, I, 55, 100, 108, 109).

Il n'y a pas d'ailleurs de terme spécial pour désigner les justes noces d'un conjoint *non civis* et d'un conjoint citoyen. Nous ne sommes pas, en effet, en présence d'une union spéciale : nous étudions ici de véritables justes noces *sine manu* qui ne sont empêchées que par la situation inférieure de l'un des conjoints de produire tous leurs effets.

Tout au plus peut-on remarquer que les textes emploient de préférence les mots *justæ nuptiæ* (justes noces) quand il s'agit de deux citoyens, et c'est dans ce sens que nous les emploierons désormais nous-mêmes, tandis que Gaius (I, 76) appelle notre union un *justum matrimonium*. Ce qui n'empêche pas qu'au fond les mots *nuptiæ* et *matrimonium* sont synonymes (*Inst.* I, 9, § 1), et que beaucoup de jurisconsultes les emploient indifféremment l'un pour l'autre (*V. infrà*).

On voit que toute union contractée entre personnes ayant le *jus connubii* est qualifiée de *juste* : en effet l'épithète de « juste » s'applique à toutes les situations dont le Droit romain garantit tous les effets. C'est pourquoi les mariages de Droit des gens sont dits « injustes » (fr. 13, § 1, *ad leg. Juliam*), bien qu'ils produisent quelques effets même à Rome (*Coll. leg. Mosaïc.*, IV, 5).

Ceci posé, examinons nos deux hypothèses.

SECTION PREMIÈRE

UNION D'UN NON CIVIS CONCESSIONNAIRE DU JUS CONNUBII
AVEC UNE ROMAINE.

Nous allons étudier les effets de cette union en les comparant d'abord à ceux des justes noces, puis aux conséquences des mariages sans *connubium*. Nous aurons ainsi déterminé la véritable place que tenait notre mariage mixte parmi les mariages reconnus à Rome.

I. — Si l'on compare la situation de notre mari *non civis* avec celle d'un mari citoyen et marié, comme lui, en justes noces à une Romaine, il y a lieu d'abord de se demander si le premier aura, quant à la poursuite de l'adultère, le même privilège que le second. On sait que ce privilège, reste du *jus occidendi* que le mari avait dans l'ancienne union *cum manu*, consistait en ce que le mari et le père de la femme pouvaient seuls poursuivre l'adultère pendant les soixante jours qui suivaient la répudiation (D. *ad legem Juliam*).

Dans notre deuxième hypothèse, quand c'est le mari qui est citoyen et la femme latine ou pérégrine, l'affirmative n'est pas douteuse : Paul déclare, en effet, que les citoyens qui ont épousé des pérégrines sans *connubium* ne peuvent pas les poursuivre, en cas d'adultère, *jure mariti (Coll. leg. Mosaïc.*, IV, 5) ; donc les citoyens qui ont épousé des pérégrines *cum connubio* peuvent les poursuivre *jure mariti*, c'est-à-dire exercer le privilège du mari.

Mais il n'en sera pas de même quand le mari est pérégrin. Sans doute la citoyenne qu'il a épousée est tenue du devoir de fidélité, et est passible, le cas échéant, des peines de l'adultère, puisque la loi *Julia de adulteriis* s'applique *ad omnia matrimonia* (fr. 13, § 1, D., *ad. leg. Juliam*) et même au *matrimonium injustum* (*eod.* fr. pr.). Mais elle ne pourra pas être accusée par son mari. En effet l'adultère est un *crimen publicum* (fr. 1, D., *de publicis judiciis* ; Inst., *de publ. jud.*, § 1). Or il résulte des conditions exigées par le *Digeste*, au titre *de accusationibus*, qu'un *crimen publicum* ne peut être poursuivi que par un citoyen pubère. Donc ici, le mari étant pérégrin, non seulement il ne pourra pas poursuivre sa femme *jure mariti*, mais il ne pourra même pas la poursuivre *jure extranei*. L'action privilégiée ne compètera alors qu'au père de la femme, s'il est citoyen ; s'il n'est pas citoyen, la femme reste toujours exposée à la poursuite *jure extranei* que peut intenter tout citoyen pubère (*quivis a populo*).

Voilà donc une première différence entre notre mariage mixte et les justes noces de deux citoyens. Mais nous trouvons, en revanche, une première analogie entre ces deux unions, au point de vue du domicile de la femme. Le fr. 37, § 2, au Digeste (L, 1) déclare, en effet, que la femme ne prend pas le domicile de son mari dans le mariage *non legitimum* ; elle le prendra donc *a contrario* dans tout mariage *justum*. C'est ce que confirment d'ailleurs les autres textes (fr. 22, § 1 ; fr. 32 : *eod. tit.*).

Quant à la nationalité de la femme, elle n'est pas modifiée. Aucun texte ne nous présente, en effet, le mariage comme une cause de *media capitis deminutio*. La citoyenne qui épouse un pérégrin même avec *connubium* reste donc citoyenne, et tous les textes, qui supposent ce mariage accompli, continuent du reste à lui donner ce titre (Gaius, I, 77, 92).

L'*affinitas*, c'est-à-dire le lien qui se forme entre les deux époux et entre l'un des époux et les parents de l'autre (fr. vat. 218, 302), existera certainement ici, au moins en tant qu'empêchement au mariage, car notre union, étant reconnue juste par la loi romaine, doit produire tous ses effets aux yeux de cette loi. C'est dire que la citoyenne, unie en juste mariage à un *non civis*, échappera certainement aux sévérités des lois caducaires, d'autant plus qu'elle ne pourrait pas conclure un autre mariage sans être adultère.

Mais la conséquence de l'*affinitas*, la *bonorum possessio undè vir et uxor* (c'est-à-dire le droit de succession accordé par le préteur à l'époux survivant sur les biens de son conjoint), existera-t-elle ici? Nous pensons qu'il faudra la refuser à l'époux non citoyen, car la *bonorum possessio* est une institution de Droit civil. On a dit, pour soutenir qu'elle était de Droit des gens, qu'il était question des successions prétoriennes dans l'Édit provincial; mais cet Édit ne s'applique qu'aux citoyens romains résidant dans la province. D'ailleurs la loi 23 au Digeste, *de bonorum poss.*, refuse formellement la *bonorum possessio* à ceux qui ont perdu le Droit de cité par suite de l'interdiction de l'eau et du feu. Ulpien déclare, il est vrai, qu'il y a lieu à la *bonorum possessio undè vir et uxor* en cas de *justum matrimonium* (fr. 1, pr. D., XXXVIII, 11) ; mais il ne dit pas que la *bonorum possessio* soit ouverte, dans ce cas, même à l'époux pérégrin. Il est donc très probable que, dans notre mariage, la *bonorum possessio undè vir et uxor* n'était pas ouverte à l'époux *non civis* ; mais il est certain que le conjoint citoyen pouvait la demander.

Au contraire la dot existera ici comme dans les justes noces *sine manu*. En effet la dot, nous dit Cicéron, existe même dans le mariage sans *connubium* (*Topiques*, 4). *A fortiori* pourra-t-on la rencontrer ici ; et même ce sera, en général, tout à fait la dot des justes noces. En effet nous verrons que dans certains mariages sans *connubium*, et notamment dans le mariage de Droit des gens, les enfants suivent la condition de leur mère ; dès lors le père n'a pas, en restituant la dot, à exercer les *retentiones pro liberis* (Cic. *eod. loc.*). Ici, au contraire, les enfants, sauf quand le père est un Latin *novus*, suivent la condition de leur père (V. *infrà*) ; les *retentiones* s'exerceront donc, sauf dans le cas du Latin *novus*, comme dans le mariage de deux citoyens.

Quant aux donations entre époux, elles sont interdites à tout Romain lié par le mariage. Il y aura donc toujours, dans le mariage que nous étudions, un conjoint frappé de l'incapacité de donner et de recevoir. Du reste les textes semblent viser spécialement notre union mixte et étendre même l'interdiction jusqu'aux mariages sans *connubium*,

car Ulpien nous dit qu'il suffit qu'un mariage soit admis
par les mœurs et les lois romaines, pour que la donation
entre époux soit interdite : « *Si matrimonium moribus legi-
busque constat, donatio non valebit* » (fr. 3, § 1, D., *de don.
inter vir. et ux.*). Le même texte permet les donations entre
concubins, ce qui achève de démontrer que, dans toute
union supérieure au concubinat (et sauf le cas où deux
pérégrins seraient mariés suivant un droit local autorisant
ces donations), les donations entre époux ne sont pas
valables.

Tels sont les effets de notre mariage dans les rapports
entre époux. Il reste à examiner la situation des enfants
qui en naîtront : on verra, à ce propos, les différences s'ac-
centuer entre notre union et les justes noces.

Les justes noces ont, en effet, pour propriété exclusive
d'engendrer la *patria potestas* (Gaius, I, 55). Or nous avons
vu qu'un latin ou un pérégrin ne peut jamais ni exercer,
ni subir une puissance de pur Droit romain (Gaius, I, 55,
100, 108, 109).

Donc le latin ou pérégrin qui épouse une Romaine avec
connubium n'a pas la puissance paternelle. Il ne s'agit,
bien entendu, ici que de la *patria potestas* romaine. Si le
droit local du pérégrin lui accorde une puissance paternelle, il l'exercera sur ses enfants ; ainsi un Galate ayant
le *connubium* exercera la puissance paternelle galate
(Gaius, I, 55) sur les enfants nés de son mariage avec une
romaine, puissance que le préteur pérégrin fera respecter.

Les enfants nés de ce mariage seront donc *sui juris* aux

yeux du Droit romain ; mais, d'autre part, étant nés d'un *justum matrimonium*, ils seront *justi* (Tite-Live, XXXVIII, 36).

Il en résulte que, pour apprécier leur nationalité, on se demandera quelle était la nationalité de leur père au moment de la conception ; Gaius déclare, en effet, que, dans tout mariage contracté avec *connubium*, l'enfant suit la condition de son père (I, 80, v. *infrà*. Cf. I, 67). Au contraire, dans la filiation *injusta* l'enfant suit la nationalité de sa mère, envisagée ici au moment de l'accouchement (Gaius, I, 89. Ulp. V, 10).

On voit immédiatement que le latin ou pérégrin qui, pour s'unir à une Romaine, demandait le *connubium*, nuisait, au moins au point de vue du Droit de cité, aux intérêts de ses enfants. En effet ceux-ci, en naissant d'un mariage injuste, auraient été Romains comme leur mère ; tandis que le *connubium* les rendait *non cives* comme leur père.

Il faut remarquer toutefois que, depuis la loi *Minicia*, loi de réaction contre les Pérégrins, rendue au VIe siècle de Rome, l'enfant même *injustus*, né d'un Pérégrin et d'une Romaine, naîtra exceptionnellement Pérégrin (Gaius, I, 78). Il résulte des paragraphes 79 et 80 de Gaius que cette loi ne s'appliquait pas aux Latins juniens et coloniaires, mais qu'elle s'était appliquée jadis aux *Latini veteres*. Donc, depuis la loi *Minicia*, et dans le cas spécial du mariage d'un Pérégrin et d'une citoyenne, la concession du *connubium* était avantageuse pour l'enfant, car, étant Pérégrin de toute façon, il était *justus* au lieu d'être *injustus*. Mais un sénatus-consulte d'Adrien (Gaius, I, 77) déclara *justi* les enfants nés même d'un mariage sans *connubium* contracté entre un Pérégrin et une Romaine ; depuis Adrien donc la concession du *connubium* au Pérégrin qui épouse une Romaine n'influera pas sur la condition des enfants qui naîtront de cette union.

Les textes que nous venons de citer ont soin de préciser, même quand l'enfant doit rester pérégrin de toute façon, s'il sera *justus* ou *injustus*. Il y a donc intérêt pour l'enfant, même quand cela n'influe pas sur sa nationalité, à être *justus* plutôt qu'*injustus*. En effet, dire que l'enfant pérégrin sera le *justus filius* de son père, c'est dire que le préteur pérégrin fera respecter, notamment en matière de successions, *sa situation de fils*. Et, dans ce cas, l'enfant d'un Pérégrin *cum certâ civitate* et d'une Romaine sera, depuis Adrien, *justus hæres ex jure civili* (V. *infrà*) ou *justus hæres ex senatusconsulto*, suivant que son père aura demandé ou non le *connubium*.

Nous nous sommes placés ici dans l'hypothèse d'un Pérégrin *cum certâ civitate*. Nous ne croyons pas, en effet, que le sénatus-consulte d'Adrien, rapporté par Gaius (I, 77), s'applique à l'enfant né d'une Romaine et d'un Pérégrin *sine certâ civitate*. En effet celui-ci, naissant pérégrin *sine certâ civitate* d'après la loi *Minicia*, ne pourrait invoquer, si on le déclarait juste, aucun droit local pour garantir sa situation de fils. Il faut donc en conclure qu'Adrien n'a visé que les enfants des Pérégrins *cum certâ civitate*. Les autres Pérégrins auront donc toujours intérêt à demander le *connubium*, qui rendra leurs enfants *justi*, et qui donnera, comme nous le verrons plus loin, à leurs enfants des droits sur leur succession *ab intestat* aux yeux du Droit romain.

Les principes que nous venons de poser en matière de filiation dans le mariage *cum connubio* souffrent deux exceptions :

1° Et d'abord l'enfant né d'un Latin et d'une Romaine, que l'union de ses parents soit juste ou injuste, naîtra toujours citoyen Romain.

C'est ce qui résulte du paragraphe 80 du commentaire 1er de Gaius qui est ainsi conçu : «... *Ex Latino et cive Romanâ, sive ex lege Æliâ Sentiâ, sive aliter contractum fuerit matrimonium, civis Romanus nascitur. Fuerunt tamen qui putaverunt, ex lege Æliâ Sentia contracto matrimonio, Latinum nasci, quia videtur eo casu per legem Æliam Sentiam et Juniam connubium inter eos dari, et semper connubium efficit ut qui nascitur patris conditioni accedat ; aliter vero contracto matrimonio eum qui nascitur jure gentium matris conditionem sequi et ob id esse civem Romanum. Sed hoc jure utimur ex senatusconsulto, quo, auctore divo Hadriano, significatur, ut qui quoquo modo ex Latino et cive Romanâ natus civis Romanus nascatur.* »

Cet intéressant paragraphe fait allusion à l'*anniculi causæ probatio*, instituée par la loi *Ælia Sentia*. Cette loi permettait au Latin junien qui épousait une Romaine devant sept témoins citoyens et pubères de devenir citoyen ainsi

que son enfant, dès que l'enfant né de son mariage aurait
atteint l'âge d'un an. Or on discutait la question de savoir
si l'enfant né d'une Romaine et d'un Latin junien qui n'a-
vait pas invoqué le privilège de la loi *Ælia Sentia* devait
suivre la condition de son père ou celle de sa mère. Les
partisans de la deuxième opinion faisaient valoir que dans
le mariage sans *connubium* l'enfant doit suivre la condition de sa mère. Mais on leur répondait que la loi *Ælia
Sentia*, réglementant les formes d'un mariage contracté
entre un Latin junien et une Romaine, présuppose la possession du *jus connubii* par les Latins juniens. Or le paragraphe 80 déclare que le *connubium* a toujours pour effet
de donner à l'enfant la condition du père. Toute la question
était donc de savoir s'il y avait *connubium* entre les Latins
juniens et les Romains. Mais nous avons vu qu'Ulpien
(V, 4) refuse le *connubium* à tous les *Latini novi* sans distinction : de même les divers textes, que nous avons cités,
et qui montrent les *Latini novi* ne jouissant du *connubium*
que dans le cas d'une concession individuelle, ne distinguent pas entre les Latins juniens et les Latins coloniaires
(Gaius, I, 57 et s.). En réalité la loi *Ælia Sentia* organise
simplement deux choses : un moyen de prouver l'existence
d'un mariage sans *connubium*, et un moyen de parvenir au
Droit de cité ; mais elle ne contredit pas le texte d'Ulpien.

Toutefois Adrien prit prétexte de cette controverse pour
faire une nouvelle innovation : il décida que l'enfant né
d'*une union quelconque* entre un Latin et une Romaine
serait Romain.

Le texte du sénatus-consulte d'Adrien est général ; d'ailleurs le paragraphe 80 ne distingue pas entre les Latins, et il suit immédiatement le paragraphe qui a écarté les *Latini veteres* en leur appliquant la loi *Minicia* (Gaius, 1, 79). Il en résulte que la règle d'Adrien s'applique à tous les Latins existant de son temps, c'est-à-dire à tous les *Latini novi*.

Donc l'enfant né du mariage *cum connubio* d'un Latin et d'une Romaine sera Romain. Nous voyons donc ici le fait exceptionnel d'un enfant juste n'ayant pas la nationalité de son père. Toutefois le *connubium* aura eu l'avantage de rendre, aux yeux du Droit romain, l'enfant héritier *ab intestat* (V. *infrà*. — Cf. Tite-Live, XXXVIII, 36).

2° L'enfant d'un Pérégrin déditice ne naît pas non plus déditice. En effet le paragraphe 68 du commentaire 1er de Gaius, prévoyant le cas où une Romaine qui a épousé par erreur un déditice invoque l'*erroris causæ probatio* (V. *infrà*), déclare que l'enfant, une fois l'erreur reconnue, deviendra citoyen, mais que son père, étant déditice, ne parviendra pas au Droit de cité, bien que l'effet habituel de l'*erroris causæ probatio* soit de conférer le *jus civitatis* à l'enfant et au conjoint *non civis*. On voit que l'enfant, pouvant parvenir au Droit de cité, n'a pas hérité de la condition de déditice qu'avait son père.

Si l'on suppose maintenant un Pérégrin déditice marié, comme les Campaniens dont parle Tite-Live, *cum connubio* à une Romaine, il n'y aura pas de raison de ne pas appliquer à son enfant le paragraphe 68. Nous aurons ainsi un exemple d'enfant juste n'héritant pas de la condition de son père.

Remarquons que la règle *infans conceptus pro nato habetur*, qui est générale en matière de filiation juste ou injuste, s'appliquera par conséquent à notre sujet. Donc si l'époux pérégrin et juste d'une Romaine devient citoyen pendant la grossesse de sa femme, l'enfant naîtra citoyen (Gaius, 1, 92).

La puissance paternelle romaine ne résultant pas de notre mariage, l'agnation, sa conséquence, n'en résultera pas non plus, ce qui constitue une nouvelle différence avec les justes noces.

L'agnation est, en effet, le lien de parenté qui existe entre tous ceux qui sont ou auraient pu être sous la *patria potestas* d'un auteur commun (Inst., I, 15, § 1 ; fr. 4 et 10, D., *de grad.*).

Les enfants nés de notre mariage seront-ils du moins les cognats de leurs parents ? La *cognatio* est le lien de parenté naturel existant entre tous ceux qui descendent d'un auteur commun, qu'ils soient ou non sous sa puissance (Inst. *eod. tit.*). Or on discute la question de savoir si la *cognatio* peut se former soit entre pérégrins, soit entre pérégrins et citoyens ; on se demande en d'autres termes si la *cognatio* est de Droit civil ou de Droit des gens (1). Aucun texte ne

---

(1) Nous prenons ici l'expression « Droit civil » dans un sens large, par opposition au « Droit des gens ». En réalité, la *cognatio* n'est pas une institution de l'*ancien* Droit civil, mais une institution du Droit honoraire

tranche cette question d'une façon générale. Remarquons
toutefois, dans le sujet qui nous occupe, que le Droit
romain devait garantir le lien de parenté naturel dans toutes les familles qu'il déclarait justes. Par conséquent dans
notre mariage l'enfant sera cognat, même s'il est pérégrin,
aussi bien de son parent *civis* que de son parent *non civis* ;
si l'enfant est citoyen, sa cognation avec sa mère citoyenne
résulte des principes généraux, car elle se serait produite
même en cas de filiation *injusta*.

Toutefois la *bonorum possessio undè cognati* sera fermée
à l'enfant pérégrin, car nous avons vu que la succession
prétorienne n'est ouverte qu'aux seuls citoyens. Par conséquent l'enfant juste d'un latin *novus* et d'une Romaine,
naissant Romain, pourra, au contraire, invoquer la *bonorum possessio undè cognati*.

Mais quel intérêt aura l'enfant pérégrin issu de notre
mariage mixte à être le cognat de ses parents, si la *bonorum possessio* lui est fermée ? Il aura tout de même intérêt,
ainsi que sa mère, à voir garantir par le Droit romain le
lien qui les unit, car la *cognatio* donnera naissance à l'o-
bligation alimentaire entre l'enfant et sa mère citoyenne,
et à l'obligation de *reverentia* de la part de l'enfant vis-à-
vis de sa mère (fr. 5, § 4, D., XXV, 3 ; fr. 4, § 3, D., *de
in jus voc.*). De plus, à partir du règne d'Antonin le Pieux,
qui voulut faciliter les donations *inter liberos et parentes*,
ils pourront se faire des donations, sans employer les modes ordinaires de transmission de la propriété (fr. vat.
314 ; Code Théodosien, loi 4, *de donat.*).

Si le Droit romain fermait à l'enfant pérégrin même juste l'hérédité prétorienne, nous avons vu que depuis Adrien il lui assurait, quand il était pérégrin *cùm certâ civitate*, le respect des droits successoraux que lui donnait sa législation locale. Bien plus il semble que le Droit romain ait ouvert exceptionnellement aux pérégrins issus d'un mariage *cùm connubio* l'hérédité *ab intestat*. En effet Tite-Live nous dit que les enfants des Campaniens déjà cités furent les *justi hæredes* de leurs pères. Il faut donc en conclure, comme ils ne pouvaient invoquer aucun droit local, qu'ils furent exceptionnellement admis par le Droit romain à l'hérédité *ab intestat* (Tite-Live, XXXVIII, 36).

On a voulu se baser sur le texte de Tite-Live pour essayer de soutenir que le *connubium* accordé aux Pérégrins produisait en leur faveur les mêmes effets qu'en faveur des citoyens romains. Il est vrai que le décret du Sénat déclare les enfants des Campaniens *justi liberi* et *justi hæredes*, et que l'on serait tenté de conclure de la *justa hæreditas* à l'existence de la tutelle romaine et de l'agnation. Mais peut-on étendre, par une interprétation qui ne serait appuyée par aucun texte, la portée d'un décret, déjà si favorable aux Campaniens ? Le Sénat prend soin d'énumérer toutes les faveurs qu'il accorde aux Campaniens : hérédité *ab intestat, connubium* et rétroactivité du *connubium*. S'il leur avait accordé en outre la *patria potestas* et l'*agnatio*, qui sont refusées aux pérégrins par tous les textes qui ont été cités dans cette thèse, il s'en serait certainement expliqué.

Ainsi le *connubium* accordé au pérégrin a simplement

pour effet de rendre l'enfant *justus* qui naîtra de son mariage *justus hæres ex jure civili*. Il pourra donc y avoir intérêt même pour l'enfant d'un pérégrin *cum certâ civitate* à naître d'un mariage *cum connubio*, car, au lieu d'être *justus hæres ex senatusconsulto* et de voir appliquer à sa situation d'héritier les règles du Droit pérégrin (Arg. Gaius, I, 77, 92), il sera, grâce au *connubium*, *justus hæres ex jure civili*.

Seulement on ne pourra pas appliquer à cet héritier de Droit romain toutes les règles de l'hérédité romaine (ce qui achève de démontrer l'impossibilité constante d'assimiler le mariage mixte *cum connubio*, dans notre première hypothèse, aux justes noces de deux citoyens). Ainsi on ne pourra pas exiger de notre héritier qu'il cède le pas à l'héritier testamentaire, puisque son père, étant pérégrin, n'a pas pu tester ; de même on ne pourra pas lui demander d'avoir été sous la *patria potestas* du *de cujus*. Il suffira donc qu'il soit l'héritier le plus proche. Et il pourra, bien entendu, invoquer la règle : « *infans conceptus pro nato habetur...* »

Les enfants nés de notre mariage mixte comptent-ils pour l'*excusatio tutelæ* ? La question n'a qu'un intérêt restreint dans notre première hypothèse, car les Latins juniens sont les seuls *non cives* qui puissent exercer la tutelle romaine (fr. vat. 193) ; mais elle est d'un intérêt constant quand c'est le mari qui est citoyen. Or elle doit être résolue par l'affirmative. Il y a bien, à propos des *excusationes*, une antinomie, difficile à expliquer, entre deux

textes de la même époque : le paragraphe 168 des *fragmenta vaticana* déclare, d'après une constitution de Marc-
Aurèle, que les enfants, pour exempter leur père de la tutelle, doivent être justes d'après le Droit civil romain,
tandis que le paragraphe 194 des mêmes *fragmenta* affirme,
en citant Papinien, qu'il importe peu que ces enfants soient
justi ou *injusti*. Mais on voit que ces deux textes s'accordent au point de vue des enfants nés d'un mariage *cùm
connubio*, et que ceux-ci dispensent évidemment leur père
de la tutelle.

II. — Il reste à examiner maintenant quelle aurait été
la situation de notre mari pérégrin s'il n'avait pas demandé
le *jus connubii*.

Pour résoudre cette question, il faut se rappeler que jusqu'à Adrien l'union sans *connubium* d'un Pérégrin et d'une
Romaine était une union *injusta*, réglée par le *jus gentium*.
Au contraire depuis le sénatus-consulte d'Adrien cette
même union est réglée par le *jus civile* du mari quand celui-ci est un Pérégrin *cùm certâ civitate* (Gaius, I, 77 ; fr.
1, D., L, 1) ; mais elle continue à être réglée par le *jus
gentium* dans le cas contraire.

De là deux hypothèses à distinguer.

A. Si le Pérégrin, qui épouse une Romaine sans *connubium*, n'a pas de cité certaine, ou si leur union est anté-
rieure à l'époque d'Adrien, nous sommes en présence d'un
mariage de Droit des gens.

L'existence à Rome d'un mariage de Droit des gens,
c'est-à-dire d'une union supérieure au concubinat, mais

inférieure aux justes noces et même, comme nous le verrons, à notre mariage mixte *cùm connubio*, est aujourd'hui
universellement admise (1). Nous ne pouvons, sans sortir
des limites de cette étude, ni refaire la démonstration complète de l'existence de cette institution, ni en étudier tous
les effets. Bornons-nous à remarquer qu'il devait forcément exister, pour les nombreux sujets et habitants de
Rome, auxquels on ne pouvait appliquer ni le Droit romain
ni un droit local, un mariage auquel le préteur pérégrin
appliquait les règles du Droit des gens, c'est-à-dire les règles de droit naturel communes à toutes les législations.
Nous verrons, d'ailleurs, que les textes de l'époque clas-
sique font allusion à l'existence de ce mariage (Gaius, I,
78, 80, etc.), et en réglementent même les effets (Cic. *Top.*
4). Or ce sont les règles de ce mariage que l'on appliquait
jusqu'à Adrien à toute union conclue entre un citoyen et
une *non civis* ou réciproquement ; en effet le commentaire 1er de Gaius, dans ses textes relatifs à la théorie de
l'*anniculi causæ probatio* et de l'*erroris causæ probatio* (2),
suppose les deux époux, dont le mariage va être transformé
en justes noces, déjà unis par un *matrimonium* régulier,
et conclu même, dans le cas de l'*anniculi causæ probatio*,
avec une certaine solennité. On ne comprendrait pas, d'ailleurs, que l'union d'un citoyen et d'une pérégrine ou d'un
pérégrin et d'une citoyenne fût traitée plus mal que l'u-

---

(1) V. Salomon, *op. cit.* — Cf. Voigt, de Boeck, et Accarias (*Précis
de Droit romain*, 4ᵉ éd., t. I).

(2) V. *infrà*.

nion de deux ex-citoyens ou de deux pérégrins *sine certâ civitate.*

Il faut donc, pour établir l'avantage qu'a eu notre pérégrin à obtenir le *connubium,* comparer les effets du mariage contracté *cum connubio* entre un pérégrin et une citoyenne avec ceux du mariage de Droit des gens.

Au point de vue des relations entre époux, nous voyons d'abord entre les deux mariages une série d'analogies. En effet la *manus,* ne pouvant exister, comme nous l'avons dit, qu'au profit d'un citoyen et seulement sur la citoyenne qu'il épouse en justes noces, elle ne pourra pas plus se rencontrer dans le mariage de Droit des gens que dans le mariage mixte *cùm connubio.* De même, le mariage n'étant pas une cause de *media capitis deminutio,* la femme gardera sa nationalité dans l'une et l'autre union. Les donations entre époux sont aussi interdites dans l'un et l'autre cas, car Ulpien nous dit qu'il suffit qu'un mariage soit valable *aux yeux des mœurs et des lois de Rome* pour que ces donations soient interdites (fr. 3, § 1, **D.**, *de don. inter vir. et ux.*). Enfin, au point de vue de l'adultère, le mari, étant pérégrin, ne pourra jamais poursuivre l'accusation même *jure extranei,* quel que soit le mariage qu'il a contracté.

Mais nous relevons une première différence entre les deux unions étudiées ici, en ce qui concerne le domicile. Nous avons vu, en effet, que la femme ne prend le domicile de son mari que dans les mariages *justes* (fr. **22, 32** et **37, D., L. 1**) ; elle gardera donc son domicile dans le mariage de Droit des gens. De même nous avons démontré, d'après un texte d'Ulpien, que la *bonorum possessio undè vir et uxor*, qui n'est d'ailleurs ouverte qu'au conjoint citoyen, n'est possible que dans les mariages justes : elle ne pourra donc pas exister dans le mariage de Droit des gens.

La dot existe dans le mariage de Droit des gens comme dans le mariage *cùm connubio* (Cic. *Top.* 4). Mais dans le mariage de Droit des gens, les enfants étant *injusti* et suivant par conséquent la condition de leur mère, le mari, quand il rend la dot, ne pourra pas exercer les *retentiones pro liberis*. Il pourra, au contraire, les exercer dans le mariage *cùm connubio*. Remarquons toutefois que depuis la loi *Minicia* cette différence a disparu : en effet, depuis cette loi, l'enfant né même d'un mariage sans *connubium* entre un pérégrin et une citoyenne est pérégrin.

Quant à la *patria potestas*, nous avons vu qu'elle ne peut être exercée que par un citoyen et sur un citoyen. Donc, quand le père est pérégrin, elle n'existera pas plus dans le mariage de Droit des gens que dans le mariage *cùm connubio*. Et il en sera de même de sa conséquence l'*agnatio*.

Les enfants seront donc *sui juris* dans l'un et l'autre cas. Seulement, tandis qu'ils seront *justi* dans le mariage *cùm connubio*, ils seront *injusti* dans le mariage de Droit des gens. Cette grave différence fera que, jusqu'à la loi *Minicia*, ils naîtront pérégrins dans le mariage *cùm connubio* et citoyens dans le mariage sans *connubium* ; de sorte qu'avant la loi *Minicia* le pérégrin qui obtenait le *jus connubii* pour épouser une citoyenne nuisait aux intérêts de ses futurs enfants, au point de vue de la nationalité. Mais, depuis la loi *Minicia*, l'enfant naissant pérégrin dans les deux cas, la concession du *jus connubii* à son père lui sera entièrement avantageuse : elle aura notamment pour effet de le rendre *justus hæres*.

Quant à la *cognatio*, nous avons vu qu'elle existe entre citoyens même dans le cas de filiation *injusta :* donc l'enfant né d'un Latin et d'une Romaine, naissant citoyen dans tous les cas, sera toujours le cognat de sa mère, qu'il y ait eu ou non *connubium*. En revanche, c'est une question de savoir si la *cognatio* est une institution de Droit des gens ou de Droit civil, c'est-à-dire si elle peut exister entre l'en-fant pérégrin et son auteur citoyen ou entre l'enfant citoyen et son auteur pérégrin. Nous pensons que la *cognatio* devait, quoi qu'il en soit, résulter toujours d'un mariage *justum* (1) : mais, dans le *matrimonium injustum*, il est évident qu'elle n'existera entre personnes de nationalité différente que si l'on voit en elle une institution de Droit des gens.

De même, au point de vue de l'*excusatio tutelæ*, il y a antinomie entre le paragraphe 168 et le paragraphe 194 des *fragmenta vaticana* au sujet des enfants nés du mariage de Droit des gens. Au contraire les enfants justes dispensent, d'après tous les textes, de la tutelle et de certaines charges publiques. La question de savoir s'il y a ici

_____

(1) V. *suprà*.

une nouvelle supériorité de notre mariage mixte sur le mariage de Droit des gens dépend donc de la solution que l'on donnera à cette antinomie.

Mais on voit que, malgré la difficulté qu'il y a à résoudre cette dernière controverse, la situation du pérégrin marié *cùm connubio* à une citoyenne est bien préférable, tant au point de vue des relations entre époux que de la condition des enfants et de leurs droits héréditaires, à la situation d'un pérégrin marié suivant le Droit des gens.

B. Supposons maintenant un Pérégrin *cùm certâ civitate* épousant sans *connubium*, après le sénatus-consulte d'Adrien, une citoyenne romaine. On est ici en présence d'un mariage déclaré juste par Adrien (Gaius, I, 77, 92), et auquel on appliquera le *jus civile* du mari (Gaius, I, 92 ; fr. 1, D., L. 1). C'est l'union que Gaius appelle *matrimonium secundùm leges moresque peregrinorum* (I, 92).

Voyons quelles sont les différences et les analogies entre ce mariage pérégrin et l'union *cùm connubio* d'un Pérégrin et d'une Romaine.

Ici nous avons à comparer deux unions *justes* · nous remarquerons, par conséquent, bien plus d'analogie entre le mariage mixte *cùm connubio* et le mariage pérégrin qu'entre le mariage mixte *cùm connubio* et le mariage de Droit des gens.

Ainsi dans le mariage contracté, même sans *connubium*, entre un Pérégrin et une Romaine, la femme prendra le domicile du mari, parce que leur *matrimonium* est, depuis Adrien, *legitimum* ; de même la *bonorum possessio undè vir et uxor* pourra être invoquée au profit de l'époux *civis*, puisque celui-ci peut, au dire d'Ulpien, l'invoquer dans tout *matrimonium justum*.

De même, les enfants étant *justi* et suivant la nationalité du père (G. 1, 77), celui-ci exercera les *retentiones pro liberis* conformément à ce qui se passe dans le mariage *cùm connubio,* et contrairement à ce qui a lieu dans le mariage de Droit des gens.

Quant à la nationalité de la femme, nous avons vu qu'elle n'est pas modifiée, quel que soit le mariage ; il en est de même des pouvoirs, ou plutôt de l'absence de pouvoirs, du mari pérégrin en cas d'adultère. De même tous les mariages font obstacle aux donations entre époux (V. *suprà*).

La *manus* et la *patria potestas*, ne pouvant s'exercer qu'entre citoyens, ne seront jamais acquises au mari pérégrin, qu'il soit marié avec ou sans *connubium*. Mais, depuis Adrien, les enfants d'un pérégrin *cùm certâ civitate* seront toujours *justi liberi* et *justi hæredes*, sauf qu'ils seront *justi ex jure civili*, s'il y a eu *connubium*, et *justi ex senatusconsulto* dans le cas contraire.

Donc, depuis Adrien, le pérégrin *cùm certâ civitate* n'a plus grand intérêt à obtenir le *jus connubii.* Aussi voyons-nous les successeurs d'Adrien ne plus faire de concessions de *jus connubii* qu'aux pérégrines, et notamment aux pérégrines qui doivent épouser des militaires.

Nous arrivons ainsi à notre deuxième cas, celui où c'est une *non civis* qui obtient le *jus connubii* pour épouser un Romain.

SECTION II

UNION D'UNE NON CIVIS, CONCESSIONNAIRE DU JUS CONNUBII,
AVEC UN CITOYEN ROMAIN.

I. — Dans cette deuxième hypothèse, les effets du *connubium*, quant aux relations entre époux, seront les mêmes que dans le premier cas (c'est-à-dire dans le cas d'un non-citoyen épousant *cum connubio* une Romaine), sauf qu'ici le mari aura le droit de poursuivre l'adultère et même de le poursuivre *jure mariti*. Nous avons vu, en effet, que le texte de Paul (*Coll. leg. Mosaïc.* IV, 5) donne formellement au mari citoyen le droit de poursuivre *jure mariti* l'épouse, même non citoyenne, épousée *cùm connubio*.

En revanche, quant aux enfants, les effets de notre mariage mixte seront les mêmes que ceux des justes noces de deux citoyens. C'est ce que dit textuellement la formule du diplôme militaire, lorsque, parlant des enfants nés du vétéran citoyen et de la pérégrine à laquelle il a conféré le *jus connubii*, elle déclare qu'ils seront dans la même situation que s'ils étaient nés de deux citoyens (*proinde liberos tollant ac si ex duobus civibus romanis natos*). Et, en effet, le père étant citoyen et le fils étant né d'un juste mariage, celui-ci prendra la nationalité de son père et sera sous sa puissance (Gaius, I, 56). Les paragraphes 57 et 76 de Gaius (C. I) déclarent, d'ailleurs, formellement, que l'enfant né du mariage *cùm connubio* d'un citoyen et d'une pérégrine est sous la puissance de son père. L'agnation se produira donc, avec ses effets, en matière de tutelle et de succession.

Quant à la mère, qui reste, comme nous l'avons démontré, *non civis*, elle sera, comme nous l'avons dit, cognate de son fils citoyen, et celui-ci pourra invoquer la *bonorum possessio undè cognati*.

II. — Demandons-nous maintenant ce qu'il serait advenu si la pérégrine n'avait pas obtenu le *jus connubii*. On se serait trouvé, à toute époque, en présence d'un mariage de Droit des gens. En effet l'union sans *connubium* d'un citoyen et d'une pérégrine a toujours été vue avec défaveur : c'est ainsi que le décret du Sénat, relatif aux Campaniens exilés à Rome, se borna, comme nous l'avons vu, à légitimer les mariages conclus par les Campaniens avec des Romaines, mais ne prit aucune disposition relativement aux unions que des Campaniennes auraient pu contracter avec des Romains. De même, lorsque Adrien (Gaius, I, 77) déclara juste l'enfant né d'un pérégrin et d'une Romaine, il ne prit aucune mesure analogue à l'égard de l'enfant né d'un citoyen et d'une pérégrine : c'est que les réformes d'Adrien tendaient à faire triompher le *jus proprium* du mari : or, dans le cas où c'est le mari qui est citoyen, son *jus civile*, c'est-à-dire le Droit romain, déclare l'enfant *injustus*. On peut cependant admettre, avec M. Salomon (*op. cit.*), que les empereurs auraient fini par étendre la faveur du sénatus-consulte d'Adrien à notre deuxième hypothèse, si la déclaration de Caracalla, en faisant de tous les sujets de l'Empire des citoyens, n'avait enlevé à cette question presque tout son intérêt.

Seule, l'union d'une pérégrine avec un vétéran était vue avec faveur par le Droit romain (V. *suprà* et *infrà*). Et encore ne s'agissait-il, en général, que de la pérégrine épousée par le vétéran après son congé ; celui-ci n'obtenait le *connubium* avec la pérégrine qu'il aurait déjà épousée pendant son service que s'il étai ui-même pérégrin au moment où il l'avait épousée.

On voit combien les pérégrines avait intérêt à obtenir le *jus connubii*, et, par suite, à épouser des vétérans. En effet leur situation, quand elles épousaient un citoyen, était toute différente suivant qu'elles avaient ou non le *connubium*. Dans le premier cas se produisaient, comme nous l'avons vu, à peu près tous les effets des justes noces ; dans le second on était en présence d'un simple mariage de Droit des gens.

SECTION III

LA CONCESSION DE CONNUBIUM A-T-ELLE UN EFFET RÉTROACTIF ?

Il reste à se demander si la concession du *jus connubii* avait un effet rétroactif, c'est-à-dire si, quand elle s'appliquait à une union déjà existante, elle produisait son effet du jour du mariage, de façon à rendre *justi* des enfants nés avant la concession.

Les seuls textes qui nous montrent des pérégrins ou des pérégrines déjà mariés au moment où on leur accordait le *jus connubii*, sont le texte de Tite-Live relatif aux déditices Campaniens et certains diplômes militaires.

Dans le cas des déditices Campaniens, il est évident que la concession du *connubium* a été rétroactive. Mais remarquons que le décret du Sénat, que nous avons cité, s'en est formellement expliqué. Les Campaniens reçoivent le *connubium* avec les Romaines qu'ils ont déjà épousées, *de façon que les enfants déjà nés de ces unions soient considérés comme justes* (V. *suprà*. — T.-L. XXXVIII, 36).

Les diplômes militaires accordés aux soldats pérégrins leur confèrent également le *jus connubii* avec les femmes qu'ils auraient déjà épousées (*uxores quas tùnc habuissent*). Mais on discute la question de savoir si ce *jus connubii* était rétroactif, ou s'il ne rendait l'union juste que du jour où il était concédé.

Pour résoudre cette controverse, il est indispensable d'entrer dans quelques détails au sujet des diplômes militaires.

Nous avons dit que ces diplômes se ramènent, suivant qu'ils sont accordés à des soldats citoyens ou à des soldats pérégrins, à deux types principaux.

Quand il s'agit d'un soldat citoyen, la formule est ainsi conçue (1) : « *Jus tribuo connubii dumtaxat cùm singulis et primis uxoribus, ut etiam si peregrini juris feminas matrimonio suo junxerint, proindè liberos tollant ac si ex duobus civibus Romanis natos.* »

---

(1) V. Mispoulet, *loc. cit.*

Quand le vétéran est pérégrin, le diplôme s'exprime ainsi : « *Imperator... quorum nomina subscripta sunt, ipsis, liberis posterisque eorum civitatem dedit, et connubium cùm uxoribus quas tùnc habuissent cùm est civitas iis data, aut, si qui cælibes essent, cùm iis, quas posteà duxissent, dumtaxat singuli singulas.* »

Il faut remarquer qu'après le règne d'Adrien un changement s'introduit dans cette seconde formule : les mots « *liberis posterisque eorum* » disparaissent.

La première formule, c'est-à-dire le diplôme accordé au soldat citoyen, exclut toute idée de rétroactivité. Le vétéran reçoit le droit de conférer le *jus connubii* à la première latine ou pérégrine qu'il épousera après son congé. Il n'est nullement question dans cette formule, pas plus que dans le texte de Gaius qui y fait allusion (I, 57), des latines ou pérégrines que le vétéran aurait pu épouser pendant son service. Il ne faudrait pas en conclure que toute sorte de mariage était interdite au soldat citoyen sous les drapeaux : tous les textes et toutes les inscriptions nous prouveraient le contraire ; le seul point que l'on discute est celui de savoir si le citoyen sous les drapeaux pouvait contracter *de justes noces* avec une citoyenne (1). Si donc on n'a pas parlé des latines ou pérégrines avec lesquelles le soldat citoyen aurait pu contracter, pendant son service, un mariage de Droit des gens, cela tient à la défaveur avec laquelle était regardée l'union d'un citoyen et d'une péré-

____

(1) V. Salomon, *Du mariage de Droit des gens*, p. 193. — Cf. Mispoulet.

grine. C'est à cause de cette défaveur qu'on n'accordait pas au citoyen vétéran le droit de conférer le *connubium* à la femme non citoyenne qu'il aurait pu épouser sous les drapeaux suivant les règles du Droit des gens ; à plus forte raison ne songeait-on pas à lui accorder ce droit avec effet rétroactif.

La question de la rétroactivité ne se pose donc qu'à propos de la seconde formule. Il faut donc supposer, par conséquent, un soldat pérégrin déjà marié au moment de sa libération, et nous aurons alors à distinguer deux hypothèses, suivant que ce soldat pérégrin aura épousé une citoyenne ou une pérégrine.

Plaçons-nous d'abord dans la première hypothèse et avant l'époque d'Adrien. L'enfant né, avant le congé, d'un soldat pérégrin et d'une mère citoyenne, était injuste et pérégrin *ex lege Minicia*. Le diplôme accordé à son père le rendra citoyen, puisque ce diplôme accorde la cité *liberis posterisque eorum*. Quant au père devenu citoyen, il pourra contracter de justes noces avec sa femme. Mais rien ne dit dans le diplôme que ce juste mariage aura un effet rétroactif. L'enfant restera donc injuste. Tel n'est pas l'avis de M. Salomon (*op. cit.*) qui soutient que ces justes noces devaient avoir un effet rétroactif, et que c'est précisément à cause de cet effet rétroactif qu'on accordait à l'enfant né *castris* le Droit de cité. M. Salomon fait remarquer en outre qu'on ne lui accorde plus le Droit de cité à partir d'Adrien parce qu'alors il sera juste comme fils de pérégrin, et que, dès lors, la rétroactivité est inutile. Mais ce n'est là qu'une pure hypothèse, quelque ingénieuse qu'elle soit. Il suffit de lire la formule pour voir que les mots *liberis posterisque eorum* ne s'appliquent qu'à la concession du Droit de cité. Les prédécesseurs d'Adrien accordent ici le Droit de cité au père et à l'enfant ; mais Gaius nous a dit que, dans ce cas, il faut une concession formelle et spéciale pour que le père ait la puissance paternelle (I, 93, 95) ; et, avec la théorie de M. Salomon, il faudrait présumer cette concession et ajouter à la formule. Donc pas d'effet rétroactif dans notre premier cas.

Étudions maintenant notre première hypothèse après les réformes d'Adrien. L'enfant né *castris* est pérégrin *ex lege Minicia* et (si son père est pérégrin *cùm certâ civitate*) *justus ex senatusconsulto divi Hadriani*. On ne lui accorde plus le Droit de cité lors de la libération de son père ; on trouve qu'il lui suffit d'être déjà *justus.* Ici donc la question de la rétroactivité ne se pose pas.

Il est à remarquer que la suppression des mots *liberis posterisque eorum* a nui aux enfants nés *castris* d'un pérégrin *sine certâ civitate*, car ils restent toujours *injusti* et ne deviennent plus citoyens.

Il reste à examiner l'hypothèse où la mère est pérégrine. Avant Adrien le pérégrin issu de ce mariage naissait *injustus*. Le diplôme, qui conférait le droit de cité à son père et le *jus connubii* à sa mère, lui donnait le Droit de cité. On pourrait encore se demander ici si la concession du *jus connubii* était rétroactive, et appuyer l'affirmative sur le même argument que dans la première hypothèse. Mais nous pensons qu'il ne faut rien ajouter aux textes qui, lorsqu'un effet rétroactif se produit, ne manquent pas de le signaler (Cf. Gaius et Tite-Live, *loc. cit.*). Donc l'enfant restera *injustus*.

Après Adrien l'enfant né *castris* est pérégrin, et *justus* si son père a une cité certaine. Le diplôme le laisse dans la même situation : tout le monde est d'accord sur ce point.

Il convient de remarquer que le *jus connubii*, quand il est conféré à la future femme d'un soldat célibataire, n'est accordé qu'à la première femme qu'il épousera. Le bénéficiaire du diplôme, qu'il fût ex-pérégrin ou déjà citoyen, épuise son droit d'un seul coup. On a voulu éviter que, grâce au divorce, les vétérans ne pussent trafiquer du privilège qu'ils conféraient à leurs épouses, qui avaient, comme nous l'avons vu, grand intérêt à les épouser.

En résumé, la concession du *jus connubii* n'est pas rétroactive, à moins qu'un texte formel n'en décide autrement. Et nous ne connaissons que le décret relatif aux déditices Campaniens qui fasse exception au principe de la non-rétroactivité du *connubium*.

CHAPITRE V

Le mariage contracté en vertu d'une concession de *connubium* peut soit se dissoudre, soit se transformer en mariage de Droit des gens, soit arriver à produire tous ses effets de juste mariage.

I. — Et d'abord, quant aux modes de dissolution, ils sont les mêmes que pour les justes noces de deux citoyens. Il est certain, en effet, que notre mariage se dissoudra par la mort de l'un des conjoints ou par la réduction de l'un d'eux en esclavage. Il pourra aussi se dissoudre par le divorce, puisque le divorce existe même dans le mariage sans *connubium* (Cic. *Top.* 4).

II. — La *media capitis deminutio* du conjoint citoyen transformera notre union en mariage de Droit des gens. En effet la perte de la cité romaine entraîne forcément la perte du *jus connubii*, qui est l'un des éléments du Droit de cité : notre mariage se transformera donc dans ce cas en un mariage sans *connubium* (fr. 5, § 1, D., XLVIII, 20; fr. 13, § 1, D., XXIV, 2).

III. — Enfin notre mariage arrive à produire tous ses effets de justes noces romaines dans les deux cas suivants :

1° Si le Droit de cité est conféré à l'époux non citoyen.
— Il faut observer dans ce cas que la concession du Droit
de cité faite à un mari *non civis* est personnelle : elle ne
s'étend donc pas en principe aux enfants déjà nés, mais
seulement aux enfants conçus et aux enfants à venir (Gaius,
I, 93). Seulement l'Empereur est toujours libre d'accorder
en même temps le Droit de cité au pérégrin et à ses enfants déjà nés. Mais, dans cette dernière hypothèse, il faudra une autre concession spéciale du prince pour que ces
enfants devenus citoyens en même temps que leur père
tombent sous la puissance paternelle (Gaius, I, 94). Seuls
les Latins acquièrent toujours la puissance paternelle sur
les enfants parvenant au Droit de cité romaine en même
temps qu'eux (Gaius, I, 95). — Le paragraphe 95 rappelle
à ce propos que le *jus Latii* a été étendu à des cités autres
que les cités du Latium ou les colonies romaines : c'est
ainsi notamment que Vespasien accorda le *jus Latii* à toute
l'Espagne, c'est-à-dire qu'il assimila les Espagnols aux Latins coloniaires (1).

2° Si le mari Latin junien, réunissant les conditions exigées par la loi *Ælia Sentia*, invoque l'*anniculi causæ probatio*. — Dans ce cas le père et l'enfant déjà né deviennent
citoyens, et l'enfant tombe sous la puissance de son père.

Il faut supposer ici que ce Latin junien avait demandé

---

(1) Cette concession de Vespasien s'explique parce que les colonies
romaines étaient nombreuses en Espagne : ce fut une étape vers le
Droit de cité, obtenu par l'Espagne sous Caracalla.

le *jus connubii* pour le cas où il n'aurait pas d'enfant et ne pourrait pas par suite *causam probare*.

Nous n'avons pas à prévoir le cas où le conjoint non citoyen parviendrait au Droit de cité par l'*erroris causæ probatio :* la question ne peut pas se poser ici. Il y a lieu à l'*erroris causæ probatio* lorsque l'un des conjoints s'est trompé sur sa nationalité ou sur celle de son conjoint (V. Gaius, I, 67-74). Il faudrait donc supposer ici que le conjoint romain a cru que son conjoint était également romain ou qu'il s'est cru lui-même non-citoyen ; on voit que, dans l'un ou l'autre cas, ils se seraient crus de même nationalité et n'auraient pas songé à demander le *jus connubii*. Or ce sont les seuls mariages conclus en vertu d'une concession de *connubium* que nous avons voulu étudier.

DROIT INTERNATIONAL

DE LA

NEUTRALITÉ PERPÉTUELLE

La neutralisation du Congo, les discussions récentes sur les devoirs des États neutres en cas de guerre, et les projets de neutralisation mis en avant par certains publicistes donnent un nouvel intérêt à l'étude de la neutralité perpétuelle. Nous nous bornerons ici à examiner les applications du principe de la neutralité perpétuelle aux territoires, *en laissant de côté les applications qui ont pu en être faites à des étendues de mer, à des détroits ou à des canaux maritimes.*

Les territoires neutralisés constituant tantôt un État, tantôt une fraction d'État, notre sujet se trouve naturellement divisé en trois parties, la première consacrée à l'étude des principes généraux, et les deux autres à leur application aux États et aux fractions d'État.

PREMIÈRE PARTIE

DE LA NEUTRALITÉ PERPÉTUELLE EN GÉNÉRAL

On entend généralement par neutralité *la situation d'un État qui, pendant une guerre entre d'autres États, ne prend aucune part, directe ou indirecte, aux hostilités.*

C'est là la *neutralité proprement dite.*

Si maintenant un État entend rester étranger à toute guerre future, et fait reconnaître ses intentions pacifiques dans des conventions passées avec d'autres États, on sera en présence d'un État *perpétuellement neutre.*

On voit que cette seconde sorte de neutralité est forcément *conventionnelle*, car la paix perpétuelle ne pourrait être assurée à un État sans un accord entre ses voisins.

La *neutralité perpétuelle* est donc *la situation d'un État auquel une convention conclue avec d'autres États, dits garants, a garanti une paix perpétuelle* (1).

Si cette garantie n'est donnée à un État que pour une de ses provinces, au lieu de lui être donnée pour son territoire tout entier, on est en présence d'une *province perpétuellement neutre*, situation que nous examinerons dans notre troisième partie.

La neutralité perpétuelle est forcément conventionnelle; mais, en revanche, une neutralité conventionnelle peut

____

(1) Nous verrons plus loin que cette définition ne s'applique pas absolument à la neutralité du Congo.

être temporaire. Ainsi, lors de la guerre de 1859, la France, qui tenait garnison à Rome, et l'Autriche, qui occupait Boulogne et Ancône, s'étaient mises d'accord pour neutraliser, pendant la durée des hostilités, le territoire pontifical. De même, l'acte final de la Conférence tenue à Berlin en 1885 a reconnu aux puissances qui ont des colonies au Congo le droit d'invoquer pour elles, dans le cas où ces puissances se feraient la guerre en Europe, le bénéfice de la neutralité pendant la durée des hostilités. Mais nous n'avons à nous occuper ici que de la neutralité perpétuelle.

II

Nous avons dit que la neutralité perpétuelle suppose une garantie. Qu'est-ce donc que la garantie ? Dans le droit civil il y a garantie lorsqu'on s'engage, à l'égard d'une autre personne, à respecter et à faire respecter ses droits ; ainsi le vendeur doit garantir à l'acheteur la paisible possession de la chose vendue. Le mot *garantie* est pris dans le même sens en Droit international : donc *garantir la neutralité perpétuelle d'un État, c'est s'engager à la respecter et à la faire respecter.*

Mais les traités de neutralité perpétuelle ne sont pas tous rédigés de la même manière. Il convient dès lors de se demander si, dans la pratique, des conséquences différentes correspondent à ces différences terminologiques.

Ainsi il est des traités par lesquels plusieurs puissances

s'engagent *à respecter* et *à faire respecter* la neutralité de l'État perpétuellement neutre : nous verrons qu'un engagement de ce genre a été pris vis-à-vis de la Suisse (1). D'autres traités emploient le mot « garantie » ; dans d'autres enfin on s'engage simplement *à respecter* la neutralité.

Y a-t-il garantie dans tous ces cas ? Tout le monde reconnaît que lorsque le traité de neutralisation contient le mot « garantie », on rentre dans le premier cas. En d'autres termes, dire que la neutralité d'un État est placée sous la « garantie » des puissances signataires, c'est dire que ces puissances s'engagent *à respecter* et *à faire respecter* cette neutralité. Ainsi la neutralité de la Belgique et du Luxembourg est placée, comme nous le verrons, « sous la garantie » des puissances signataires. Or l'Angleterre, qui figure parmi les puissances garantes, s'est préoccupée en août 1870 (2) de *faire respecter* la neutralité de la Belgique par les belligérants. Elle a essayé d'équivoquer, il est vrai, à la même époque, au sujet de ses obligations vis-à-vis du Luxembourg ; mais elle n'a pas nié qu'elle fût obligée, dans certains cas, de faire respecter la neutralité luxembourgeoise ; elle a seulement discuté sur le point de savoir de quelle façon et à quel moment elle y serait obligée.

Ainsi, que le traité parle de « faire respecter » ou de « garantir », c'est tout un. Mais y a-t-il garantie dans le cas où les signataires d'un traité s'engagent simplement *à*

____

(1) Note du 27 mai 1815 et article 74 de l'acte final de 1815.
(2) V. *infrà*.

respecter l'état de choses créé par le traité ? La question s'est présentée notamment à la conférence de Berlin de 1885 (1). Le plénipotentiaire français, M. le baron de Courcel, fit tous ses efforts pour que les territoires situés dans la région du Congo ne fussent pas placés dans une situation semblable à celle de la Belgique ou de la Suisse, ce qui aurait porté atteinte à l'autonomie militaire et politique, ou plutôt à la liberté d'action, des puissances ayant des colonies au Congo (2). Ses réclamations donnèrent lieu à la création pour les colonies du Congo du régime spécial dont nous avons déjà parlé (3), et qui les soumet à une sorte de neutralité intermittente et facultative. Mais, quant à l'État du Congo (qui est visé par l'article 10 du même acte), on fut d'accord pour reconnaître que, bien qu'on se fût simplement engagé à respecter sa neutralité perpétuelle, chaque Puissance signataire avait aussi le droit de la *faire respecter* par les autres signataires. En effet, comme l'a déclaré fort justement le plénipotentiaire belge, M. de Lambermont, l'engagement de respecter la neutralité de l'État du Congo était contracté non-seulement vis-à-vis de lui, mais aussi vis-à-vis des autres signataires de la Convention, *qui acquéraient par cela même le droit d'en exiger le respect* (4).

La garantie accordée au Congo est néanmoins une ga-

---

(1) V. *le Livre Jaune* de 1885.
(2) V. *le rapport de M. Engelhardt, Livre Jaune cité*, p. 34-36.
(3) Article 11 de l'acte final.
(4) *Livre Jaune* cité, p. 275.

rantie restreinte, car, si les puissances signataires ont le droit de faire respecter le *statu quo*, elles n'y sont nullement obligées : elles se sont engagées à le respecter elles-mêmes, mais elles peuvent à leur gré en demander ou ne pas en demander le respect aux autres contractants. En effet vis-à-vis du Congo les garants n'ont contracté que l'obligation de respecter sa neutralité ; tandis que les signataires des traités de 1815, de 1831 et de 1867 s'étaient engagés, vis-à-vis des États garantis, à respecter et à faire respecter leur neutralité. On a donc donné au Congo en 1885 une garantie *restreinte*, différant de la garantie normale. Et ce qui le prouve bien, c'est que la conférence a repoussé la proposition du plénipotentiaire des États-Unis, qui voulait faire reconnaître et garantir la neutralité perpétuelle du Congo, et qu'elle s'est ralliée aux observations de M. de Courcel. Ce qui le prouve aussi, c'est le texte de l'article 10 et l'interprétation qu'en a donné le rapporteur, M. de Lambermont.

Une deuxième différence sépare la garantie restreinte de la garantie normale, différence qui n'est du reste que la conséquence de la première. En effet, dans la garantie normale, les garants, s'étant engagés à faire respecter la neutralité du garanti, sont tenus de la faire respecter par tous les États signataires ou non signataires. C'est pourquoi le garanti s'engage, de son côté, à observer les devoirs de la neutralité « vis-à-vis de *tous les autres* États » (1).

____

(1) Article 7 du traité du 15 novembre 1831 relatif à la Belgique, et article 2 du traité de 1867 relatif au Luxembourg.

Dans le cas du Congo, au contraire, le droit, qu'ont les signataires de l'acte de 1885, de faire respecter la neutralité, étant facultatif dans le cas d'une agression de la part de l'un d'eux, le sera *a fortiori* dans le cas d'une agression de la part des tiers. Aussi, dans l'article 10 de cet acte, n'est-il pas question pour le Congo de l'obligation, imposée aux autres États neutres, d'observer la neutralité envers « tous les autres États ». Il résulte bien d'ailleurs du rapport du deuxième plénipotentiaire Français, M. Engelhardt, qu'on a voulu réduire ici les obligations des signataires, et faire triompher, à l'égard du Congo, « une conception plus modeste » que celle de la garantie normale de neutralité (1).

Telle est la situation spéciale créée à l'État du Congo ; nous verrons que la neutralité de Corfou jouit également d'une garantie restreinte. Mais, en dehors de ces deux cas, il n'y a plus aucune distinction à faire entre les divers traités de neutralité perpétuelle, qui doivent, par suite, produire les mêmes conséquences.

Ainsi nous ne saurions nous rallier à ceux qui veulent, avec M. Banning (2), distinguer la garantie générale de la garantie spéciale. D'après M. Banning, qui néglige d'ailleurs de préciser les motifs et la portée pratique de cette distinction, la garantie de neutralité serait en quelque sorte plus sérieuse quand elle est donnée dans le traité et dans l'article même qui neutralisent l'État garanti que lorsqu'elle est donnée d'une façon générale à un ensemble de

____

(1) *Liv. jaune* cité, p. 34-36.
(2) *La défense de la Belgique*, p. 32-33.

traités ou de clauses dont l'un prononce la neutralité. C'est
là une pure question de mots ; elle ne se pose, du reste,
que pour la Belgique. L'article 5 du Protocole du 20 janvier 1831 s'exprime ainsi : « La Belgique formera un État
perpétuellement neutre. Les cinq Puissances lui garantissent cette neutralité perpétuelle ». Et l'article 9 du traité
du 24 juin tient le même langage. Au contraire l'article 7
du traité des 24 articles (15 novembre 1831) se borne à déclarer que « la Belgique formera un état perpétuellement
neutre ». Seulement l'article 25 du même traité donne la
garantie des cinq Puissances aux dispositions des 24 articles précédents. De même en 1839, quand l'indépendance
de la Belgique fut reconnue par la Hollande, l'article 2 du
traité du 19 avril entre la Belgique et les cinq Puissances
se borne à renouveler la garantie générale donnée aux
24 articles, qui sont reproduits en annexe dans le traité de
1839. Faut-il en conclure que les dispositions des Puissances avaient changé dans le courant de l'été de 1831 ? Ce
serait attacher trop d'importance aux différences terminologiques. D'ailleurs M. Banning reconnaît lui-même que
les Puissances garantes n'ont jamais soulevé cette question. Bien plus, lorsqu'elles ont neutralisé le Luxembourg
en 1867, elles ont déclaré qu'elles entendaient le placer
dans la même situation que la Belgique (1) ; or, la neutralité
du Luxembourg est garantie d'une façon bien formelle et
bien spéciale, puisque l'article 2 du Traité de Londres

---

(1) Protocoles de la Conférence de Londres, V. *Livre jaune* de 1867.

(11 mai 1867) proclame à la fois sa neutralité et la garantie collective des Puissances. Enfin, en 1870, lorsque la France par le traité du 11 août, a promis à l'Angleterre de respecter la neutralité de la Belgique, il a été reconnu, dans le préambule du traité, que la garantie donnée en 1839 avait la même force qu'une garantie insérée dans le texte prononçant la neutralisation, et que, par suite, le traité de 1870 n'était qu'un acte « subsidiaire et accessoire » (1).

On a tenté aussi d'établir une distinction entre la garantie simple et la garantie collective. La question s'est posée en 1867, à propos du Luxembourg. L'article 2 du traité du 11 mai 1867 place, en effet, la neutralité du Grand-Duché sous la « garantie collective » des puissances. Or Lord Stanley, qui avait représenté l'Angleterre à la Conférence de 1867 fut interpellé le 14 juin de la même année à la Chambre des Communes sur la nature et l'étendue des obligations que ce traité imposait à l'Angleterre ; et il essaya d'équivoquer sur le sens du mot « collective ». « Cela signifie, dit-il, que, dans le cas de violation de la neutralité, toutes les puissances signataires du traité pourront être appelées à donner leur action collective, mais que pas une de ces puissances ne peut être mise en demeure d'agir seule ou séparément. C'est là un cas, s'il est permis de s'exprimer ainsi, de responsabilité limitée ». Et le 4 juillet Lord Stanley complétait ainsi sa théorie devant le Parlement Anglais : « En cas de garantie collective, disait-

____

(1) De Clercq, vol. 1867-72.

il, tandis que toutes les Puissances signataires s'engagent
à maintenir un respect complet de la neutralité du territoire garanti, il n'est du devoir d'aucune (bien que ce soit
tout à fait du droit de chacune d'elles) de rompre une
lance dans l'intérêt des autres Puissances ».

Ainsi le 14 juin Lord Stanley reconnaissait encore l'o-
bligation pour les Puissances garantes de marcher au
secours du Luxembourg si elles parvenaient à se mettre
d'accord, dans ce but, dans une conférence préalable.

Le 4 juillet il allait plus loin, et il réduisait la garantie
collective à n'être plus que cette sorte de garantie « limitée » qu'on devait créer plus tard pour le Congo.

La seconde théorie de Lord Stanley se réfute d'elle-
même. Comme l'a remarqué avec raison le Conseil d'État
de Luxembourg, dans son avis du 9 janvier 1871 (1), le mot
collective serait, d'après l'interprétation « humoristique »
du ministre anglais, « destructif de la garantie elle-même,
ce qui est à la fois absurde et odieux ». L'intention des
Puissances signataires du traité de 1867 résulte d'ailleurs
clairement des travaux préparatoires : le paragraphe de
l'article 2 qui place la neutralité du Luxembourg sous la
garantie collective des Puissances a été proposé par le plénipotentiaire prussien, qui a déclaré vouloir placer la
neutralité du Luxembourg sous la même protection que
celle de la Belgique. Le plénipotentaire anglais, d'abord
hésitant, s'est rallié à la proposition du plénipotentiaire

______

(1) *Parsimonie Luxembourgeoise*; vol. 1870-73.

prussien, et cela sans faire de réserves sur le mot *collective* qui n'a donné lieu, à ce moment, à aucune observation. Il a été, d'ailleurs, reconnu dans la discussion que l'indépendance et l'intégrité du Luxembourg étaient déjà garanties au même titre que celles de la Belgique par le traité de 1839, et qu'il s'agissait, par suite, simplement de compléter le traité de 1839 vis-à-vis du Luxembourg en reconnaissant au même titre sa neutralité (1). Si donc il y avait une différence vis-à-vis du Luxembourg, elle consisterait plutôt, comme l'a remarqué M. Servais (2), dans une redondance d'expressions et une « surabondance de garantie ». C'est aussi l'avis de M. de Bismarck, qui, interpellé à son tour au parlement de l'Allemagne du Nord le 24 septembre 1887, déclarait, avec sa rudesse habituelle, que la neutralité du grand-duché avait bien été placée sous la garantie européenne, et qu'il avait foi dans le maintien de cette garantie « malgré toutes les chicanes ».

La première théorie de Lord Stanley, celle du 14 juin, était plus admissible. Aussi a-t-elle séduit quelques auteurs. MM. Funck-Brentano et Sorel (3), Pradier-Fodéré (4), Calvo (5) pensent que, dans le cas d'une garantie collective, les garants doivent, sur l'appel du garanti, se réunir en conférence pour aviser aux moyens de défendre la neu-

---

(1) V. Le *Livre Jaune* de 1867.
(2) *Le Grand-Duché de Luxembourg et le traité de Londres.*
(3) *Précis de Droit des gens*, p. 364.
(4) *Droit international public*, n° 1010-1011.
(5) *Le Droit international théorique et pratique*, 4ᵉ éd., III, p. 450.

tralité attaquée. C'est la conférence qui décide alors si les garants doivent se concerter pour agir diplomatiquement ou militairement, ou s'ils doivent donner à l'un d'eux une sorte de mandat d'exécution.

Mais cette théorie est aussi contraire que l'autre aux travaux préparatoires du traité de 1867 et à l'intention, exprimée par les membres de la conférence, d'assimiler le Luxembourg à la Belgique. Du reste, dans le cas où la neutralité du Luxembourg viendrait à être violée par l'un ou plusieurs des garants, il serait impossible à la conférence de prendre ses décisions à l'unanimité ; il serait même difficile dans certains cas d'y former une majorité. Enfin faut-il rappeler la lenteur avec laquelle les conférences diplomatiques se réunissent et délibèrent? étant donné la rapidité des opérations militaires modernes, la théorie qui immobiliserait jusqu'après la séparation de la conférence les armées des garants disposés à défendre la neutralité enlèverait à la garantie toute son efficacité.

En résumé, à part les obligations limitées imposées aux garants de la neutralité du Congo et de Corfou, il n'y a qu'une seule sorte de garantie dans les traités de neutralité perpétuelle. Ce principe posé, il reste à en appliquer les conséquences aux États et aux fractions d'États.

DEUXIÈME PARTIE

APPLICATION DE LA NEUTRALITÉ PERPÉTUELLE AUX ÉTATS

Pour étudier l'application du principe de la neutralité
perpétuelle aux États, il y a lieu d'abord de se demander
comment se sont formés les États perpétuellement neutres.
Nous verrons ensuite quelles sont les conditions d'existence
de la neutralité perpétuelle, quels effets elle produit, et
comment elle s'éteint.

CHAPITRE PREMIER

HISTORIQUE.

Ancien Droit.

Il est clair que l'idée d'une neutralité perpétuelle ne pouvait apparaître dans l'histoire qu'après la notion de la neutralité proprement dite. Or cette dernière notion est, on peut le dire, toute moderne.

Les États de l'ancienne Grèce ne concevaient guère qu'un État put avoir, en dehors de tout traité, des obligations à l'égard d'un autre État. Aussi, bien qu'il ait existé en Grèce un droit international rudimentaire, le mot de *neutralité* n'existe même pas dans la langue grecque.

Il n'y a eu, à plus forte raison, dans l'ancienne Grèce, rien d'analogue à la neutralité perpétuelle. Il est seulement arrivé parfois que le caractère sacré, l'inviolabilité d'un temple célèbre se sont étendus à la cité voisine. Ainsi la République de Delphes était sous la protection collective des États qui nommaient des délégués au Conseil amphictyonique. Mais Delphes ne se considérait pas pour cela comme un État neutralisé ; elle fit, avec l'appui des États protecteurs, la guerre à Cirrha (1), et elle reconnut, par

____

(1) Duruy, *Hist. des Grecs.*

une délibération de son Sénat, l'inviolabilité de la cité de
Téos (1), ce qui prouve bien qu'elle se croyait libre de faire
la guerre aux autres cités. Téos était placée sous un régime analogue, avec cette différence que son inviolabilité
avait été reconnue simplement par des actes législatifs et
unilatéraux des cités voisines. Il n'y avait donc là qu'une
extension de l'inviolabilité des temples.

Les Romains n'eurent pas, en matière de neutralité,
d'autres idées que celles des Grecs. La notion d'un Droit
public indépendant des traités échappait presque entièrement aux uns et aux autres.

Le christianisme établit un premier lien entre les divers
peuples ; puis les dislocations successives de l'Empire
romain et de l'Empire Carlovingien donnèrent naissance à
des États qui, étant de force égale, durent se reconnaître
des droits égaux. En même temps les progrès du commerce, les découvertes géographiques mettaient partout
les nations européennes en contact. Au XIVe siècle appa-
raissent les premiers traités relatifs à la contrebande de
guerre : le traité de 1303, conclu entre Philippe-le-Bel et
le roi d'Angleterre est le premier qui essaie de définir la
contrebande de guerre et les obligations des neutres en cas
de guerre maritime (2). Puis au XVIe siècle les légations
permanentes s'établissent, et les guerres de religion font
triompher peu à peu les idées de tolérance et d'équilibre

----

(1) V. Egger, *Les traités publics chez les Grecs et les Romains.*
(2) V. Rymer, *Fœdera, pacta, conventiones,* etc.

qui devaient s'affirmer définitivement au Congrès de Westphalie. On a désormais l'idée des devoirs des neutres, et Grotius et ses contemporains les délimitent. Toutefois le mot *neutre* n'apparut qu'à la fin du XVIIe siècle, de sorte que Grotius en 1625 (1) désignait encore les neutres par cette périphrase : « *hi qui in bello sunt medii* ».

Dès que les règles de la neutralité eurent été bien fixées, apparut l'idée d'une neutralité perpétuelle. Du reste la guerre de Trente ans et les guerres qu'avait déjà provoquées la rivalité de la Maison de France et de la Maison d'Autriche avaient fait naître le désir de restreindre et de localiser les futurs conflits.

Neutralisation de la Suisse.

C'est ainsi que le Congrès de Westphalie fut amené à reconnaître l'indépendance de la Suisse. On diminuait par là le nombre des points de contact entre les deux maisons rivales, et l'on empêchait chacune d'elles d'occuper en Helvétie des positions stratégiques qui lui auraient donné une supériorité marquée sur la puissance adverse.

Mais il ne faudrait pas faire remonter au Congrès de Westphalie la déclaration de la neutralité perpétuelle de la Suisse. En réalité le traité signé le 24 octobre 1648 à Munster, entre Louis XIV et le Saint-Empire (2) se borna à reconnaître l'indépendance dont les treize cantons jouis-

----

(1) *De jure Belli ac Pacis.*
(2) Du Mont, VI, 1re p., p. 450.

saient en fait depuis trois siècles. Et les autres Puissances qui prirent part au Congrès adhérèrent successivement à cette clause du traité de Munster. Or la Suisse avait déjà signé en 1521 un traité de paix perpétuelle avec la France ; et ce traité fut renouvelé le 4 septembre 1663 avec Louis XIV (1). Par ces conventions la Suisse s'engageait à fournir toujours six mille soldats à la France ; mais l'article 23 du dernier traité stipulait expressément que, dans cette alliance, les alliés de la Suisse, notamment le Pape et le Saint-Empire, *étaient réservés*. La Suisse continua ainsi à conclure avec les autres États de l'Europe, notamment avec la Savoie en 1651 et avec les Provinces-Unies, des capitulations militaires qui réservaient les alliances antérieures (2). Elle finit donc par se trouver l'*alliée perpétuelle* de la plupart des États d'Europe qui avaient déjà reconnu son indépendance en 1648.

Mais, sa neutralité perpétuelle ne fut proclamée que par le Congrès de Vienne.

Cette proclamation n'était pas inutile, car la neutralité de la Suisse avait été violée fréquemment pendant les guerres de la Révolution. Il est vrai que la France avait reconnu de nouveau l'indépendance de la Suisse et renouvelé ses anciens traités avec elle par le Traité de Fribourg (3). Mais en 1813 la neutralité suisse avait été de nouveau violée, et cette fois par la sixième coalition : en

(1) Du Mont, VI, 2e p., p. 228.
(2) V. du Mont, t. X, 1re p., p. 455.
(3) 27 septembre 1803. De Clercq, II, p. 74-76.

décembre, une des armées alliées était entrée en France en violant la neutralité de Bâle. Les Puissances reconnurent bientôt leur erreur ; et, par la déclaration de Vienne du 20 mars 1815, elles s'engagèrent à « faire un acte reconnaissant la neutralité perpétuelle de la Suisse ».(1). Mais ce jour-là même Napoléon Ier rentrait à Paris ! La terreur qu'il inspirait aux alliés les fit renoncer à leurs bonnes intentions : par une note collective, en date du 6 mai 1815 (2), ils offrirent à la Suisse de se joindre à eux, en faisant valoir : 1° que la Suisse ne violerait pas ainsi sa neutralité (!), mais qu'elle hâterait au contraire le moment où sa neutralité serait respectée de tous ; et 2° que cette circonstance extraordinaire ne constituerait pas un précédent (!). La Suisse n'osa pas résister : toutefois elle refusa de prêter aux alliés un appui offensif, et consentit simplement à laisser traverser son territoire par les alliés « en cas d'urgence » et « temporairement » (3). Huit jours après (27 mai), elle prenait acte, en y accédant (4), de la déclaration du 20 mars par laquelle les Puissances lui avaient promis une neutralité perpétuelle. La diète helvétique avait soin, dans sa note du 27 mai, de spécifier que les Puissances signataires de la déclaration du 20 mars s'engageaient « à respecter et à faire respecter » la neutralité suisse.

Cette neutralité perpétuelle fut enfin solennellement re-

---

(1) De Clercq, II, 456.
(2) Wheaton, *Elem. of. Int. Law.*, § 414-420.
(3) *Convention de Zurich* du 20 mai 1815. — Wheaton, *loc. cit.*
(4) De Clercq, II, 533.

connue par l'acte final du congrès de Vienne (9 juin 1815),
qui, après avoir reconnu l'intégrité de la Suisse dans son
article 74, confirma, dans son article 84, la déclaration du
20 mars et accepta l'interprétation qu'en avait donnée le
27 mai le gouvernement fédéral. Le traité de Paris du
20 novembre 1815 confirma à son tour l'acte final et garantit ainsi de nouveau la neutralité perpétuelle de la
Suisse (1).

Nous verrons par la suite que, malgré les questions qui
ont surgi depuis 1815 entre la Suisse et les Puissances garantes, cette neutralité a toujours été respectée.

Neutralisation de Cracovie.

Le deuxième exemple de neutralisation perpétuelle fut,
dans l'ordre chronologique, la neutralisation de Cracovie.
Ici nous sommes en présence d'une création tout artifi-
cielle du Congrès de Vienne. Contrairement à ce qui se
passa pour la Suisse, la ville de Cracovie n'existait nullement comme entité politique avant 1815. Le Congrès de
Vienne qui, en supprimant le Grand-Duché de Varsovie,
porta le dernier coup à la nationalité polonaise, n'osa pas
poursuivre son œuvre jusqu'au bout : une ville de Pologne
fut mise à part, et, au lieu d'être attribuée à l'une des trois
Puissances copartageantes, elle fut déclarée indépendante
et neutre.

----

(1) De Clercq, II, 682.

L'article 6 de l'acte final s'exprimait ainsi : « La ville de Cracovie, avec son territoire, est déclarée à perpétuité cité libre, indépendante et strictement neutre, sous la protection de l'Autriche, de la Russie et de la Prusse ».

L'article 8 ajoute « qu'il ne pourra être formé à Podgorce », petite ville autrichienne voisine de Cracovie, « aucun établissement militaire de nature à menacer la neutralité de Cracovie ».

Enfin l'article 9 déclare que la république de Cracovie ne pourra donner asile « aux transfuges, déserteurs et gens poursuivis par la loi » des pays voisins, et qu'elle devra les livrer dès que l'extradition lui en sera demandée.

L'article 6 avait le tort de placer la république de Cracovie sous le protectorat de trois des Puissances signataires ; et l'article 9 le confirmait en donnant à ces trois Puissances le droit de s'immiscer dans ses affaires intérieures. Cracovie était, en effet, privée du droit d'asile, et perdait toute liberté d'appréciation en matière d'extradition. Dès lors le prétexte aux interventions armées était tout trouvé. L'indifférence et l'éloignement des autres États signataires firent le reste. La ville de Cracovie fut tantôt occupée par les Russes et tantôt par les Autrichiens, jusqu'au jour où, par suite d'un accord entre les trois Puissances protectrices, elle fut cédée à l'Autriche (1846).

Il n'y avait à Cracovie qu'un lambeau de nation, sans vitalité suffisante et sans frontières naturelles ; et les articles 6 et 9 le livraient d'avance aux trois pires ennemis de la Pologne, sacrifiant ainsi les intérêts du garanti à ceux

de certains garants privilégiés ! La neutralité perpétuelle
de Cracovie devait donc disparaître : c'est du reste le seul
État neutre qui ait disparu, parce qu'il était aussi le seul
qui n'eût pas été créé viable.

La France et l'Angleterre ne manquèrent pas, d'ailleurs,
de protester contre l'annexion de Cracovie ; et M. Guizot
déclara, dans une Note prophétique, que la porte était
désormais ouverte aux violations du traité de Vienne.

Neutralisation de la Belgique. — Convention des forteresses.

Les traités de 1815 n'avaient neutralisé que la Suisse et
Cracovie ; les événements de 1830 amenèrent la neutralisation d'un troisième État, ou plutôt la création d'un État
nouveau qui fut déclaré perpétuellement neutre. Nous
voulons parler de la Belgique.

En 1815 les puissances alliées s'étaient préoccupées
avant tout d'élever des barrières contre cette nation Française qui les avait pendant 20 ans tenues en haleine. On tenait
surtout à nous écarter de nos frontières naturelles ; et aux
précautions prises par le Congrès de Vienne en Savoie,
précautions dont nous parlerons plus loin, vinrent s'ajouter les mesures prises par ce même Congrès à notre frontière du Nord-Est. Les anciennes provinces belges, qui
faisaient en 1814 partie de l'empire Français, avaient été
déclarées « territoire vacant » par le Congrès. Ces provinces furent réunies à la Hollande, et formèrent le royaume
des Pays-Bas, qui comprenait ainsi les territoires actuels

de la Belgique, de la Hollande et du Luxembourg (1). Les quatre grandes puissances alliées ne s'en tinrent pas là. Réunies en 1818 à Aix-la-Chapelle, elles signèrent le 15 novembre avec les Pays-Bas une convention d'après laquelle, « un certain nombre de forteresses des Pays-Bas devaient recevoir des garnisons anglaises et prussiennes dès que le *casus fœderis* serait déclaré contre la France ». La Prusse devait occuper Huy, Namur, Dinant, Charleroi, Marienbourg, et Philippeville ; l'Angleterre se réservait le droit d'occuper Ypres, Ostende, Nieuport et Termonde. Les Anglais auraient bien voulu ajouter à cette liste Anvers, et les Prussiens Liège ; mais le plénipotentiaire des Pays-Bas s'y refusa. C'était, en somme, le système de la Barrière de 1715 que l'on rétablissait en l'aggravant.

Ajoutons que le roi des Pays-Bas avait reçu, sur l'indemnité de guerre de 700 millions payée par la France, *60 millions pour construire et réparer des forteresses en Belgique.* Les Puissances alliées se regardèrent dès lors comme les co-propriétaires des forteresses Belges ; elles étaient inspectées périodiquement par des officiers étrangers au nom des Puissances (2).

Malgré ce luxe de précautions, l'œuvre du Congrès de Vienne dans les Pays-Bas était fragile. On n'avait pas voulu tenir compte de l'antagonisme que la différence de religion et de traditions historiques créait entre les Belges et les Hollandais, antagonisme qui se compliquait encore

(1) *Traité du 31 mai* et *Acte final du 9 juin* 1815.
(2) *Moniteur Belge* du 25 mai 1832.

des divergences économiques qui existent toujours entre un peuple d'industriels et un peuple de marins. Aussi le mouvement de 1830 eut-il son écho à Bruxelles ; et des conflits sanglants eurent lieu entre les troupes Hollandaises et les insurgés.

Le roi des Pays-Bas s'adressa aussitôt aux quatre Puissances qui avaient signé la convention d'Aix-la-Chapelle. La Prusse et l'Autriche se montrèrent disposées à intervenir ; la Russie fit aussi une réponse favorable mais ne tarda pas à être retenue chez elle par la révolution de Pologne. La France était sympathique à la révolution de Bruxelles, écho de la révolution de Paris ; et son gouvernement se montrait résolument hostile à toute intervention de l'une des Puissances conservatrices en Belgique. L'Angleterre était donc maîtresse de la situation. Mais la révolution de juillet avait eu aussi son contre-coup à Londres, où un ministère libéral venait de succéder au cabinet tory. Ce ministère, ne voulant ni se brouiller avec la France ni favoriser l'expansion de celle-ci vers l'Escaut, s'efforça, tout en acceptant le fait accompli, de créer dans les Pays-Bas un état de choses qui donnerait à l'Europe les mêmes garanties que l'œuvre de 1815.

Lord Aberdeen décida donc le roi des Pays-Bas à accepter un armistice et à soumettre la question belge aux cinq grandes Puissances. Une conférence se réunit à Londres le 4 novembre 1830 ; les cinq Puissances et les Pays-Bas y étaient représentées. Dès le 20 décembre la Conférence déclarait le royaume des Pays-Bas dissous, et autorisait le gouvernement provisoire de Bruxelles à envoyer des délégués à Londres. Le protocole du 20 décembre ajoutait que « la Conférence allait discuter et concerter les nouveaux arrangements les plus propres à combiner l'indépendance future de la Belgique avec les intérêts et la sécurité des autres Puissances et avec l'équilibre Européen ».

Le nouvel arrangement, destiné à garantir à la fois la sécurité des Puissances et le maintien de l'équilibre Européen, fut la neutralisation perpétuelle de la Belgique. Obligée de renoncer à faire de tous les Pays-Bas un royaume unique, capable de se défendre lui-même, la Conférence eut recours au procédé dont on s'était servi en 1815 pour soustraire la Suisse à la rivalité d'influence des puissances voisines et pour fermer aux conquérants les chemins d'invasion qui la traversent. Le protocole du 20 janvier 1831, qui arrêtait les bases de la séparation de la Belgique et de la Hollande, s'exprimait ainsi dans son article 5 : « La Belgique formera un État perpétuellement neutre. Les cinq Puissances lui garantissent cette neutralité perpétuelle, ainsi que l'inviolabilité de son territoire ».

Ce protocole fut confirmé par le traité du 24 juin 1831, dit des dix-huit articles, signé entre les cinq Puissances. Par suite des prétentions rivales de la Belgique et de la Hollande sur le Limbourg et le Luxembourg, ce traité dut laisser cette question en suspens. Le Congrès belge l'accepta néanmoins le 9 juillet ; mais la Hollande, ne pouvant se résoudre à lui donner son assentiment, reprit les hostilités.

Pour la première fois on allait assister au fonctionnement de la garantie de neutralité. La Belgique fit appel à la France, qui lui envoya une armée de 50.000 hommes sous les ordres du maréchal Gérard, non sans en informer au préalable la Conférence de Londres. Celle-ci déclara que « l'entrée des troupes françaises en Belgique serait considéré comme ayant eu lieu non dans une intention particulière de la France, mais pour un objet vers lequel les délibérations de la Conférence s'étaient dirigées ».

Une marche du maréchal Gérard sur Bruxelles (1) suffit pour ramener les Hollandais sous Anvers. Les cinq Puissances, décidées à en finir avec la question belge, signèrent le 15 octobre 1831 un nouveau traité, dit des vingt-quatre articles, qui, entre autres dispositions, partageait le Limbourg et le Luxembourg entre la Belgique et la Hollande. Le Congrès belge accepta ce nouvel arrangement, et le 15 novembre 1831 la Belgique, par un traité signé avec les cinq Puissances, adhéra aux vingt-quatre articles. L'un des vingt-quatre articles proclamait la neutralité perpétuelle de la Belgique (art. 9) ; le traité du 15 novembre reproduisit les 24 articles et leur donna, dans un 25e article, la garantie des Puissances.

Cependant la Hollande résistait encore ; et, refusant de se soumettre aux décisions de la Conférence, elle continuait à occuper Anvers. De nouveau la Belgique allait faire appel aux Puissances garantes ; et l'événement devait mon-

---

(1) Pour plus de détails sur l'historique de la neutralisation de la Belgique, voir l'étude de M. Milovanowïtch sur les *Traités de garantie*

trer que, si aucun des garants ne songeait à nier ses obligations, chacun du moins, suivant son intérêt, désirait les remplir avec plus ou moins de zèle.

La note du 14 décembre 1831, par laquelle la Hollande protestait contre le traité du 15 novembre, avait fait réfléchir les trois Cours du Nord, qui craignaient d'avoir été trop loin dans l'appui qu'elles avaient donné à la Révolution belge. Aussi leurs plénipotentiaires à la conférence déclarèrent-ils que leurs gouvernements, tout en désapprouvant la conduite du roi de Hollande, ne pourraient s'associer à des mesures coercitives et préféreraient voir tenter de nouvelles démarches diplomatiques auprès du souverain Hollandais. L'Angleterre et la France repoussèrent cette motion ; elles exprimèrent le regret d'être obligées d'agir seules pour assurer l'exécution du traité du 15 novembre (1), et la Conférence se sépara. Ainsi trois des cinq États garants, tout en désapprouvant le roi de Hollande et sans s'opposer aux mesures de coercition, refusaient de s'y associer. Mais il y a lieu de remarquer que l'Angleterre et la France ne se décidèrent à agir qu'après avoir consulté la Conférence et s'être assurées de la non-hostilité des États dissidents.

Quelques jours après, le gouvernement belge invoquant l'article 25 du traité du 15 novembre 1831, fit appel à la France et à l'Angleterre. Ces deux Puissances s'entendirent aussitôt pour régler les détails d'exécution (2) : l'em-

____

(1) V. le Protocole du 1er octobre 1832.
(2) Convention du 22 octobre.

bargo devait être mis sur les vaisseaux hollandais, et une armée française devait assiéger Anvers, si la Hollande n'évacuait pas cette place avant le 15 novembre. La Hollande accepta la lutte : le 16 novembre les Français traversaient de nouveau en libérateurs les plaines qui avaient vu, dix-sept ans auparavant, le triomphe momentané de la Sainte-Alliance. Et le 23 décembre 1832 le maréchal Gérard entrait dans Anvers. Le roi de Hollande vaincu ne reconnut cependant l'indépendance belge qu'en 1839.

Le 19 avril 1839 furent signés à Londres trois traités, l'un entre la Hollande et les cinq Puissances, l'autre entre les cinq Puissances et la Belgique, enfin le troisième entre la Belgique et la Hollande. L'article 2 du traité signé entre la Belgique et les Puissances donnait la garantie des cinq Puissances aux vingt-quatre articles de 1831, qui formaient l'annexe du traité actuel. La Hollande, dans les deux traités signés par elle avec les cinq et avec la Belgique, adhérait aux vingt-quatre articles.

Il y a lieu de remarquer que cette adhésion de la Hollande lui crée, vis-à-vis de la neutralité belge, une situation spéciale. La Hollande ne devient pas un État garant, du moins au même titre que les cinq Puissances. Elle a soin de ne pas signer le traité de garantie, c'est-à-dire le premier des traités du 19 avril ; et, dans les deux traités signés par elle, elle adhère simplement aux vingt-quatre articles, c'est-à-dire à l'annexe du traité de garantie et non à la clause même de garantie. Mais, par le fait même de cette adhésion, elle s'oblige *à respecter* la neutralité belge, bien qu'elle ait évité de s'engager à la faire respecter. Elle se trouve donc, vis-à-vis de la Belgique, dans une situation analogue à celle des grandes Puissances vis-à-vis du Congo; elle a donné à la neutralité belge, sinon la garantie normale que lui ont donné les cinq Puissances, du moins une garantie restreinte. Elle ne doit donc pas être confondue avec les États tiers, avec ces « autres États » dont parlent les traités de 1831, et contre lesquels les garants défendront au besoin la neutralité belge bien qu'ils ne leur aient pas fait promettre par traité de la respecter (1). Elle s'est obligée *à respecter* cette neutralité ; et, par suite, si celle-ci est violée par l'un des garants et sa propre sécurité mise en péril, elle aura le droit d'invoquer le deuxième traité de 1839 et d'en demander le respect à son co-signataire.

Nous avons démontré que la garantie donnée par les Puissances à la neutralité de la Belgique a toujours été la même, et que la garantie de 1839 est aussi forte que la garantie du traité du 15 novembre 1831 ou que celle du Protocole des Bases.

Il reste à noter que, dans ses origines, la neutralité belge diffère en deux points de la neutralité suisse. D'abord la neutralité fut offerte à la Suisse, et acceptée avec empressement par son gouvernement, qui eut soin, dans sa réponse du 27 mai 1815, de préciser la portée de la

----

(1) V. *infrà*, le ch. III, sect. IIIe.

garantie offerte par les Puissances. Au contraire, le Congrès belge ne voulait pas de la neutralité, dont les Puissances faisaient la condition *sine quà non* de l'indépendance de la Belgique ; et il n'adhéra à leurs propositions qu'après une discussion passionnée (1). En second lieu, tandis que les Puissances ont laissé aux Suisses seuls la défense de leur territoire, quatre d'entre elles se sont efforcées, au contraire, de faire peser une servitude militaire sur la Belgique.

C'est ici le lieu de se demander ce qu'est devenue, depuis les événements de 1830 et de 1831, la convention des forteresses de 1818.

Tout en traitant avec la France pour la neutralisation de la Belgique, les quatre grandes Puissances qui s'étaient jadis liguées contre elle ne perdaient pas leur esprit de méfiance, surtout en présence de la sympathie que les Belges manifestaient alors pour nous. Aussitôt après le Protocole des Bases, les plénipotentiaires des quatre Cours s'étaient réunis à Londres et avaient arrêté la déclaration suivante (17 avril) : « Les plénipotentiaires des quatre Cours estiment que, la neutralité perpétuelle devant donner une sécurité de plus à la Belgique, certaines de ses forteresses pourront être démolies ». A la suite de cette réunion, une nouvelle convention des forteresses fut signée à Londres le 14 décembre 1831 entre les quatre Cours et la Belgique. Les articles publics de cette convention étaient ainsi con-

----

(1) V. Banning, *op. cit.*

çus : « Art. 1ᵉʳ. Les fortifications d'Ath, de Mons, de Menin, de Philippeville et de Marienbourg seront démolies.... Art. 4. Le roi des Belges s'engage à conserver les autres en bon état. » Mais un article secret mit le roi des Belges au point de vue des forteresses dont la convention n'ordonnait pas la démolition, « dans la situation où s'était trouvé, vis-à-vis des quatre Puissances, le roi des Pays-Bas » (1).

Tout le monde est d'accord sur l'existence de cet article secret. Toutefois, dans un article anonyme publié récemment par l'*Avenir militaire* (6 déc. 1889), on a soutenu que cette clause secrète se bornait à imposer au Roi des Belges l'obligation de se concerter avec les quatre cours pour la défense des forteresses conservées en 1831, « toujours sous la réserve de la neutralité de la Belgique ». L'*Avenir militaire* en conclut que l'article secret se borne à confirmer le traité de neutralisation perpétuelle. Mais nous lui ferons remarquer que, même si l'article secret était conçu comme le prétend son collaborateur (qui dit en avoir eu le texte sous les yeux), il serait contraire à la neutralité de la Belgique, car il mettrait ce royaume sous la protection de quatre des cinq Puissances garantes en faisant complètement abstraction de la cinquième. Nous aimons mieux, d'ailleurs, nous en rapporter, pour le sens de cette clause secrète, à M. Banning, qui, en sa qualité de directeur des archives au ministère des affaires étrangères de Belgique, nous paraît plus autorisé que personne à en parler.

----

(1) Banning, *op. cit.*

Quel que soit, du reste, le texte du fameux article secret, il n'oblige aujourd'hui personne, pas plus que les autres clauses de la convention du 14 décembre. En effet, sur les réclamations soulevées par la France contre cette convention, les plénipotentiaires des quatre cours déclarèrent, le 23 janvier 1832, que « les stipulations du 14 décembre ne devaient être entendues que sous la réserve de la souveraineté pleine et entière du Roi des Belges sur les forteresses indiquées dans la dite convention ». Et le *Moniteur belge* du 25 mai 1832, commentant cette déclaration (1), affirma que « l'acte du 23 janvier..... avait libéré le sol belge de toutes les servitudes de Droit public que les vainqueurs de 1815 lui avaient imposées ». Personne ne protesta contre cette interprétation. La Belgique profita de ce silence pour raser la plupart des places dont l'article 4 de la convention de décembre lui imposait le maintien ; au contraire, les forteresses dont les articles 1er et 2 ordonnaient la démolition « dans le délai de deux mois » étaient encore debout vingt ans après. Ainsi, aux yeux du gouvernement belge, approuvé tacitement par les quatre Puissances qui n'ont jamais protesté, l'acte de janvier 1832 a annulé la convention de 1831 (2).

Quant à l'article secret, il ne doit pas survivre à la convention principale. La Belgique l'a d'ailleurs interprété de la même façon en rasant la citadelle de Namur, que les

____

(1) Dans l'article déjà cité, p. 95.
(2) Cf. Banning, *op. cit.*

Prussiens avaient, d'après la Convention de 1818, le droit d'occuper.

Ces arguments devraient nous dispenser d'insister. A supposer d'ailleurs que l'article secret fût encore en vigueur, les forts que l'on élève aujourd'hui autour de Namur ne sauraient être frappés *ab initio* de la servitude qui grevait l'ancienne citadelle. Et puis, pour donner aux Prussiens le droit d'entrer à Namur, il faudrait que le *casus fœderis* fût prononcé par l'unanimité des quatre cours, unanimité qui ne paraît guère réalisable dans l'état actuel de l'Europe, où d'autres groupements sont venus remplacer la Sainte-Alliance de 1815.

Enfin nous verrons par la suite que la convention de décembre, aussi bien que son article secret, sont nuls de plein droit comme contraires à la neutralité de la Belgique, neutralité qui suppose ce royaume entièrement maître de sa défense et jouissant de la pleine souveraineté intérieure et extérieure.

Ainsi aucune servitude militaire ne pèse, à l'heure actuelle, sur la Belgique, qui se trouve par suite, au point de vue international, dans la même situation que la Suisse. Nous verrons que la neutralité belge, un instant menacée lors des négociations de 1866 et reconnue de nouveau par les traités d'août 1870, n'a pas cessé d'être respectée.

Neutralité du Luxembourg.

Le quatrième État qui ait été neutralisé est le Grand-Duché de Luxembourg. Lors des arrangements de 1815

les provinces de Luxembourg et de Limbourg firent, à la
fois, partie du royaume des Pays-Bas et de la Confédération germanique. De plus la place de Luxembourg, déclarée place fédérale, reçut à ce titre garnison prussienne (1). En 1830, le Luxembourg se souleva comme les
autres provinces belges, mais la présence de la garnison
prussienne empêcha sa capitale de prendre part au mouvement. Ce fut là l'origine de la transaction arrêtée, au
sujet du Luxembourg, par la Conférence de Londres dans
le traité des vingt-quatre articles. Ce traité laissa au roi
de Hollande la ville de Luxembourg et ses environs ; le
reste forma une province belge (art. 2). De plus le roi de
Hollande continua à porter le titre de Grand-Duc de
Luxembourg. En 1839, lorsque le roi de Hollande reconnut les faits accomplis, les traités du 19 avril donnèrent
la garantie européenne aux vingt-quatre articles, et par
suite à l'article 2 qui créait et *délimitait* le Luxembourg
hollandais, c'est-à-dire le nouveau Grand-Duché de
Luxembourg. Ainsi l'indépendance et l'intégrité du Grand-
Duché étaient garanties par l'Europe dès 1839 ; le Grand-
Duché continuait, en outre, à faire partie de la Confédération germanique, qui accéda aux trois traités du 19 avril
1839 par un quatrième traité signé à Londres le même
jour (2). De plus le Grand-Duché, étant séparé par la Bel-

---

(1) D'après le traité prusso-hollandais du 8 novembre 1816, le commandant et les trois quarts de la garnison devaient être prussiens,
et le quart restant hollandais.
(2) De Clercq, année 1839.

gique des provinces hollandaises, fut gouverné depuis 1839 comme un État à part.

Jusqu'en 1866 l'histoire du nouvel État n'offre rien de remarquable, à part l'entrée du Luxembourg dans le Zoll-verein (traité du 8 février 1842) (1). Lors des événements de 1866 le Grand-Duché fut au nombre des territoires que la diplomatie prussienne indiqua à la France comme des compensations possibles (2). A ce moment, le traité de Prague ayant dissous la Confédération germanique, le roi de Hollande refusait d'entrer dans la nouvelle Confédéra-tion de l'Allemagne du Nord. Le gouvernement français se crut autorisé à proposer au roi de Hollande la cession du Grand-Duché ; le roi de son côté, croyant la France d'accord avec la Prusse, se montrait bien disposé, espérant acheter la liberté du Limbourg par la cession du Luxem-bourg. C'est alors que l'interpellation Benningsen vint, à point nommé, dégager M. de Bismarck des promesses qu'il avait faites à la France (1er avril 1867). La guerre faillit éclater entre la France et la Prusse.

Mais les événements de 1866-1867 ont été trop souvent racontés pour que nous ayons besoin d'entrer dans des dé-tails. Rappelons seulement que le gouvernement autrichien

___

(1) Par le traité du 17 février 1856 le roi grand-duc renonça à son droit partiel de garnison en faveur de la Prusse ; de sorte que la gar-nison de Luxembourg fut, à partir de ce moment, entièrement prus-sienne.

(2) V. *La Marmora* (*un po più di luce*) ; Benedetti (*Ma mission en Prusse*) ; Servais, *op. cit.*

prit l'initiative d'une proposition qui assura le maintien de la paix : elle consistait dans la neutralisation du Grand-Duché et la démolition de la forteresse. En même temps la Russie demandait la réunion d'une conférence ; les deux propositions furent adoptées.

La conférence se réunit à Londres le 7 mai 1867. Non seulement tous les signataires des traités de 1839 y étaient représentés ; mais on y avait aussi invité l'Italie qui venait de prendre rang parmi les grandes Puissances et prenait part pour la première fois à une conférence de neutralisation (1).

L'Angleterre n'étant pas aussi intéressée à la sécurité de Luxembourg qu'à celle d'Anvers, le plénipotentiaire anglais (Lord Stanley) présenta un projet qui proclamait la neutralité de Luxembourg sans lui donner la garantie européenne (2). Les autres Puissances protestèrent ; et, comme nous l'avons vu, l'article 2 du traité définitif fut ainsi rédigé : « Le Grand-Duché de Luxembourg..... formera désormais un État perpétuellement neutre..... Ce principe est et demeure placé sous la garantie collective des Puissances signataires du présent traité, à l'exception de la Belgique, qui est elle-même un État neutre ».

L'article 3 ordonne la démolition de la forteresse de Luxembourg, et ne permet au Grand-Duché que d'entretenir le nombre de soldats nécessaire au maintien du bon

____

(1) V. *infrà* le ch. III, sect. III.
(2) *Livre jaune de* 1867, p. 64 et s.

ordre. Ici il y a une servitude imposée au Grand-Duché ; mais elle lui est imposée *par le traité même de neutralité*, et avec le consentement de *tous les signataires et du Grand-Duc lui-même*. Elle se justifie par la faiblesse numérique de la population du Grand-Duché et par son peu de ressources, qui ne lui permettent pas d'entretenir en état de défense une forteresse comme Luxembourg. Cet article 3 donne d'ailleurs, comme nous le verrons, à la neutralité luxembourgeoise un caractère spécial, d'où dérivent des effets particuliers.

Nous avons dit que l'Angleterre ne se tint pas pour battue ; et nous avons réfuté les théories émises par Lord Stanley à la Chambre des communes pour essayer de restreindre la portée de la garantie donnée à la neutralité luxembourgeoise, garantie qui est la même que celle qui a été donnée à la neutralité belge.

La guerre de 1870 faillit avoir son contre-coup en Luxembourg. Le 3 décembre 1870 M. de Bismarck envoyait au gouvernement grand-ducal une note dans laquelle il accusait le Luxembourg de ne pas faire respecter sa neutralité. Des soldats français, qui s'étaient réfugiés sur le territoire du Grand-Duché, avaient pu ensuite repasser en France sans être inquiétés. M. de Bismarck en concluait que « le gouvernement allemand n'était plus obligé de prendre en considération, dans ses opérations militaires, la neutralité du Grand-Duché ». M. Servais, alors ministre d'État du Luxembourg, répondit en faisant observer que le traité de 1867, en réduisant au *minimum* les forces luxembourgeoises, avait restreint par cela même les obligations de son pays. C'est alors que le Conseil d'État Luxembourgeois se préoccupa de réfuter, dans son avis du 9 janvier 1871, la dangereuse théorie de la garantie collective. Nous reviendrons sur la discussion à laquelle donna lieu en Europe la note du 3 décembre. Le Luxembourg, appuyé par l'Angleterre et l'Autriche, ne fut, d'ailleurs, pas inquiété ; et il a joui, depuis, paisiblement de la situation qui lui avait été garantie en 1867.

Neutralité du Congo.

Le dernier État neutre a été créé par la conférence qui s'est tenue à Berlin en 1885 au sujet des affaires d'Afrique. Nous avons dit que, par l'article 10 de l'acte final de 1885, les puissances signataires s'étaient engagées à respecter la neutralité de l'État, situé dans le bassin du Congo, qui demanderait à jouir de la neutralité perpétuelle. Le nouvel État du Congo, créé en 1885 par la Société africaine que présidait le roi des Belges, fit la même année la déclaration de neutralité exigée par l'article 10 (1). Il y a donc depuis 1885 un quatrième État neutre. Nous avons expliqué, dans la première partie de cette étude, en quoi la neutralité du Congo diffère des autres neutralités perpétuelles, l'article 10 n'offrant à cet État qu'une sûreté limitée.

____

(1) *Revue de Droit international*, 1886.

On ne pouvait pas, a dit M. de Martens, (1) assimiler à la Belgique ou à la Suisse un État qui n'avait pas encore de gouvernement régulier ni de frontières certaines. Le Congo n'aurait pas pu s'imposer, en effet, des obligations en rapport avec celles que se seraient imposées les garants. De là la garantie restreinte qui lui a été donnée.

____

(1) *Revue de Droit international,* 1886, p. 265.

CHAPITRE II

CONDITIONS D'EXISTENCE DE LA NEUTRALITÉ PERPÉTUELLE.

Les conditions d'existence de la neutralité perpétuelle se rapportent soit à la garantie, soit à l'État neutralisé lui-même.

Conditions relatives à la garantie.

Nous avons dit, en effet, que la neutralité perpétuelle suppose une garantie. Il est évident que cette garantie ne sera efficace que s'il y a plusieurs garants, et si ceux-ci forment un ensemble assez puissant pour faire respecter la neutralité. La pluralité des garants permettra, du reste, à l'État neutralisé de garder toute son autonomie vis-à-vis d'eux, et d'échapper à l'influence qu'un garant trop puissant pourrait, s'il était seul, prendre sur lui.

Cette garantie devra, en outre, porter nécessairement sur trois choses : on ne peut pas, en effet, garantir la neutralité perpétuelle d'un État sans garantir, par le fait même, son indépendance et son intégrité territoriale. L'État neutralisé s'engage à ne faire la guerre que s'il est attaqué ; il renonce aux bénéfices que pourrait lui procurer une libre action politique pour mettre toute sa sécurité dans la garantie qui lui a été donnée. Il est juste qu'il n'ait pas à en souffrir. Du reste dans quel but neutralise-t-on un État, si ce n'est pour mettre son territoire à l'abri des convoitises des voisins, c'est-à-dire pour faire respecter son indépendance et son intégrité ? Aussi en 1862, lorsque la France et la Suisse ont rectifié le tracé de leur commune frontière, le gouvernement français a-t-il admis que cette triple obligation des garants existait virtuellement dans tous les traités de neutralité, puisque le Protocole du 8 décembre 1862 porte que toutes les Puissances garantes de la neutralité helvétique seront invitées à ratifier l'échange de territoires conclu entre les cabinets de Berne et de Paris (1). Il importe donc peu que le traité des vingt-quatre articles ne parle que de la neutralité de la Belgique, alors que les dix-huit articles parlaient aussi de son intégrité.

Différence entre la garantie de neutralité et la simple garantie d'indépendance et d'intégrité. — Il ne faudrait cependant pas confondre les États dont un accord international a simplement garanti l'indépendance et l'intégrité avec les États perpétuellement neutres.

Certes les analogies sont nombreuses entre les deux situations. L'indépendance nationale et l'intégrité territoriale sont garanties dans les deux cas ; dans l'un et dans l'autre, il faut qu'il y ait plusieurs garants pour que la garantie soit efficace. Enfin l'État dont l'indépendance et l'intégrité sont garanties garde son autonomie intérieure

____

(1) De Clercq, 1862.

et sa représentation diplomatique ; et nous verrons qu'il en est de même de l'État neutre.

Mais il y a une différence capitale entre les deux situations : c'est que l'État perpétuellement neutre est le seul auquel on garantisse une paix perpétuelle, et le seul qui s'oblige, par suite, à être en paix avec tout le monde. En effet les garants ne consentent d'une part à renoncer à l'attaquer, d'autre part à le protéger contre toute agression, que s'il s'engage lui-même à ne provoquer personne. Il en résulte que l'État perpétuellement neutre est le seul qui ait des obligations spéciales à l'égard des États non garants; et c'est ce qu'ont formellement déclaré le traité du 15 novembre 1831, neutralisant la Belgique, et le traité de 1867, neutralisant le Luxembourg. L'État neutralisé, disent ces deux traités, « sera tenu d'observer cette même neutralité envers *tous les autres* États » (1).

Les exemples de garantie d'indépendance et d'intégrité sont nombreux. Nous citerons, entre autres, le traité de Londres de 1852, qui ne tarda pas à être violé, et qui garantissait l'indépendance et l'intégrité du Danemark, les nombreux traités qui ont garanti, avec aussi peu d'efficacité que le traité relatif au Danemark, l'indépendance et l'intégrité de l'empire Ottoman (traité de 1856, etc.), enfin le traité de 1839 qui garantissait l'indépendance et l'intégrité du Luxembourg.

On voit, d'après ce dernier exemple, que la garantie

______

(1) V. *infrà*, ch. III, sect. III.

d'indépendance et d'intégrité a été pour le Luxembourg un acheminement à l'état de neutralité perpétuelle. Aussi le représentant de la Prusse à la conférence réunie en 1867 pour neutraliser le Grand-Duché avait-il raison de faire remarquer que l'on créait au Luxembourg une situation nouvelle, différente de celle que lui avait reconnue le traité de 1839 (1).

Il est permis de se demander pourquoi les traités garantissant simplement l'indépendance et l'intégrité ont été, en général, moins respectés que les traités de neutralité perpétuelle. Serait-ce parce que les premiers ne donnaient qu'une garantie restreinte? nullement; le traité de 1856 parle de *faire respecter* l'indépendance et l'intégrité de l'empire Ottoman. A quoi tient dès lors l'inefficacité du traité de 1856 et de plusieurs traités semblables?

Elle tient à la différence théorique que nous signalions tout à l'heure entre les deux situations: ces traités, contrairement aux traités de neutralité perpétuelle, constituent une solution imparfaite. Ils laissent livrés aux hasards de la politique active des États qu'on n'a pas pu ou qu'on n'a pas voulu neutraliser. Le traité de 1839, qui répondait à un besoin européen et aux vœux des intéressés, a abouti, par une évolution naturelle, à la neutralisation du Luxembourg. Le traité de 1852, au contraire, qui soudait des pays allemands à des pays danois, ne pouvait être qu'une trève. Il en était de même du traité de 1856, imposé à l'un

____

(1) V. *Livre Jaune* de 1867, p. 64-65.

des garants (la Russie), qui consentit à en reconnaître les clauses, mais qui déclara qu'elle ne pouvait s'engager à faire respecter l'intégrité de l'empire Ottaman. Ici, comme en toute autre matière, les traités ne durent que s'ils répondent aux intérêts permanents de toutes les Puissances signataires. Le traité de 1839 a duré parce qu'il se conformait à ce principe ; et le Luxembourg est même arrivé à une situation plus tranquille et plus parfaite. Les traités de neutralité perpétuelle s'y sont également conformés, sauf pour Cracovie : aussi l'État de Cracovie, bien que garanti même dans sa neutralité, a-t-il disparu, alors que les autres États neutres subsistent.

Conditions relatives à l'État neutralisé.

Il résulte de ce que nous venons de dire que la triple garantie d'indépendance, d'intégrité et de neutralité ne peut pas s'appliquer à n'importe quel État.

Arendt, dans son traité de *La neutralité de la Belgique*, (p. 43 et s.) indique trois conditions, que doit remplir l'État neutralisé.

Il faut d'abord, dit-il, que ce soit une Puissance de deuxième ordre, sans influence sur le mouvement politique général. On ne se figure guère, en effet, une grande puissance aliénant une partie de sa liberté d'action, ou renonçant à sa mission historique, pour acquérir le douteux avantage d'une garantie émanant d'États souvent hostiles et rarement plus puissants qu'elle.

Il faut, en second lieu, que « ce soit une Puissance sans

mission historique ». Ce deuxième principe n'est que le développement du premier : une Puissance, même de second ordre, qui se sent appelée à émanciper, à libérer des peuples frères, n'acceptera le repos de la neutralité que s'il lui est imposé. Il est inutile de démontrer qu'on n'aurait pas étouffé la question italienne en neutralisant le Piémont. N'a-t-on pas vu, du reste, en 1863 les Grecs des Iles Ioniennes protester contre la neutralité que leur offrait l'Europe (1) ?

Enfin « il faut que les sujets de l'État neutralisé possèdent depuis des siècles des traditions historiques communes, un type de nationalité assez prononcé ». Cette formule est insuffisante et nous paraît devoir être étendue : il faut, dirons-nous, que l'État neutralisé soit, par ses ressources et par ses traditions, un État viable. Nous verrons, en effet, que l'État neutre ne doit pas compter uniquement sur ses garants : il doit pouvoir contribuer à sa propre défense. Il n'est pas besoin de dire que les peuples dépendant de l'État du Congo ne réalisent que d'une façon encore très douteuse cette communauté de traditions et de nationalité : aussi la conférence de 1885 ne s'est-elle pas risquée à donner à l'État du Congo la même garantie qu'aux autres États neutres.

Ce serait sortir du sujet que de se demander à quelles conditions un État est viable. Disons seulement que la communauté de traditions chez ses sujets, jointe à un *minimum*

---

(1) V. *infrà*.

de ressources économiques, paraît maintenant suffisante. La théorie des affinités philologiques a fait son temps : on est forcé aujourd'hui de reconnaître que la Suisse, bien que son territoire soit réparti entre trois langues, ne compte que des citoyens voulant rester suisses ; l'Italie a autant de confiance dans ses bataillons de chasseurs valdostains que la France dans les bataillons territoriaux corses. Les légères divisions qui existent entre Flamands et Wallons n'ont pas empêché la Belgique de se soulever en 1830 et de célébrer cette année le soixantième anniversaire de son indépendance. La Belgique se passe même de frontières naturelles, bien qu'il faille reconnaître que sa frontière ouverte l'expose à des dangers qui menacent bien moins les Suisses.

La Suisse et la Belgique confirment donc notre principe ; la disparition de l'État de Cracovie le confirme également. Il n'y avait à Cracovie qu'un lambeau de territoire et un débris de nationalité, qui causait trop d'inquiétude aux maîtres de la Pologne pour que ceux-ci respectassent même le traité qu'ils avaient signé.

Que dire du Grand-Duché de Luxembourg ? il vit respecté de tous, malgré sa séparation des autres provinces belges, malgré l'exiguïté de son territoire et de sa population qui lui interdit d'avoir un commerce propre et une industrie nationale. Mais il a été obligé, par suite de l'impossibilité d'avoir une existence économique séparée, de rester dans l'union douanière allemande ; et l'on peut se demander s'il n'y a pas là un danger pour son autonomie.

Les trois règles d'Arendt se justifient donc aisément.

Elles en supposent même une quatrième, qu'il a négligé de formuler : l'État neutre doit consentir à être neutralisé, il doit signer librement le traité de neutralisation ; ce qui implique qu'il doit négocier avec les garants sur un pied de complète égalité.

Le neutralisé compte, en effet, sur les garants ; mais les garants doivent compter aussi sur lui. Voilà pourquoi on ne comprendrait pas un traité de neutralité conclu entre les seuls garants, et communiqué ensuite au neutralisé, sans se soucier de son acceptation ou de ses protestations. Un tel traité violerait l'autonomie extérieure qu'il prétend garantir : il ferait du neutre un État protégé.

Ce principe a toujours été observé, du reste, dans les traités de neutralisation. Le gouvernement suisse a négocié en 1815 avec les Puissances, et il a accepté, en ayant soin d'en préciser les effets, la neutralisation qu'elles lui offraient. Le gouvernement belge a été représenté, dès le début, à la Conférence de 1831 ; et les représentants de la Belgique ont été appelés à approuver le traité signé par leur roi. Cette approbation n'a pas eu lieu sans discussion, mais elle a été donnée (1). On a agi de même, comme nous l'avons vu, à l'égard du gouvernement du Luxembourg. Enfin le Congo a accepté en 1885 la neutralité que lui avaient offerte les Puissances.

____

(1) V. Banning, Nothomb, etc.

Différence entre l'État neutre et l'État protégé.

Aussi les traités que nous venons de citer n'ont-ils rien de commun avec les traités de protectorat. Ils laissent, en effet, à l'État neutre sa pleine liberté intérieure, et son autonomie extérieure. Au contraire l'État protégé perd sa souveraineté extérieure au point que, généralement, c'est l'État protecteur qui se charge de sa représentation diplomatique. Telle est aujourd'hui la situation de la Tunisie vis-à-vis de la France; telle a été, de 1815 à 1863, la situation des îles Ioniennes vis-à-vis de l'Angleterre.

On a tenté pour Cracovie de combiner les deux situations; nous avons vu que trois des Puissances garantes de la neutralité de cet État reçurent le droit d'exercer sur lui un véritable protectorat. L'essai a été malheureux, et il devait l'être : l'acte de 1815 violait lui-même l'indépendance qu'il prétendait assurer.

CHAPITRE III

EFFETS DE LA NEUTRALITÉ PERPÉTUELLE.

SECTION I

DROITS ET DEVOIRS DE L'ÉTAT PERPÉTUELLEMENT NEUTRE.

Deux principes résultent de tout ce qui précède : d'une part l'État neutre est un État souverain, d'autre part sa liberté d'action doit s'exercer de façon à ne l'entraîner à aucun conflit armé ni avec les Puissances garantes ni avec les Puissances non garantes.

Il suit de là que l'État perpétuellement neutre ne doit pas se borner à ne pas provoquer de conflits et à ne pas intervenir dans les conflits des autres : sa neutralité perpétuelle lui impose, même dans les périodes de paix générale, des devoirs spéciaux.

En effet « il ne peut conclure aucun traité d'alliance, ni en général aucun des engagements que les États contractent en vue de la guerre, *car, étant incapable d'exécuter les obligations qui en résultent, il ne saurait les assumer.* Il doit, par suite, éviter toute action politique qui le conduirait à des engagements de ce genre. La neutralité a pour but de le placer perpétuellement dans l'état de paix : il doit n'entretenir avec les autres États que des relations pacifiques ; il ne doit exercer son influence que pour maintenir la paix ; il ne doit contracter que des engagements qui peuvent s'exécuter en temps de paix. Telles sont les limites dans lesquelles l'État neutre peut, en temps de paix, exercer sa souveraineté : s'il franchit ces limites, il porte atteinte à la neutralité, et il fournit un motif à des abus ou à des tolérances fâcheuses qui finissent par amener la violation du traité » (1).

Nous allons essayer de délimiter ces obligations spéciales de l'État neutre en temps de paix ; nous verrons ensuite quels sont ses droits et ses devoirs en temps de guerre.

Droits et devoirs de l'État perpétuellement neutre en temps de paix.

A. — Et d'abord, quant à la politique intérieure, il semble qu'il n'y ait pas de raison pour contester à l'État souverain neutralisé une liberté d'action absolue.

La question a été cependant soulevée pour la Suisse. En 1845, lorsque la Confédération était déchirée par la guerre du *Sonderbund*, M. Guizot proposa aux grandes Puissances européennes d'intervenir collectivement en Suisse pour y faire respecter la souveraineté des cantons. M. Guizot prétendait que la garantie donnée à la Suisse en 1815 s'étendait non seulement à sa neutralité mais aussi à la constitution fédérale de 1815. L'avènement en Angleterre d'un ministère libéral (2), et les hésitations du gouvernement

____

(1) Funck-Brentano et Sorel, p. 153.

(2) Ce ministère, arrivé au pouvoir en 1846, remplaçait le cabinet

français en présence des progrès des partis d'opposition en France permirent au gouvernement fédéral de gagner du temps et de réduire *manu militari* les cantons séparatistes (1847). La Révolution de février, en faisant disparaître le gouvernement monarchique en France et en réduisant les souverains des autres États à craindre pour eux-mêmes, acheva de tirer les Suisses d'embarras. Ils profitèrent des préoccupations générales pour modifier tranquillement leur constitution en 1848. Ils l'ont depuis révisée de nouveau en 1874 sans donner lieu à aucune protestation.

Il est intéressant toutefois de connaître les arguments sur lesquels s'appuyait M. Guizot pour leur dénier le droit de modifier la constitution de 1815.

« Sans doute » —, disait-il dans les instructions adressées à l'ambassadeur de France à Berne en 1847, — « toute nation a le droit de modifier sa constitution intérieure ; mais abolir en Suisse les bases constitutives de la Confédération, les abolir malgré la résistance d'un ou de plusieurs cantons confédérés, *ce ne serait pas l'acte d'un peuple modifiant librement ses institutions,* ce serait l'asservissement d'États indépendants, contraints de passer sous le joug d'alliés plus puissants, ce serait la réunion forcée de plusieurs États en un seul. Certes *les gouvernements qui ont jusqu'à présent traité avec la Suisse comme avec une Confédération seraient pleinement autorisés à ne pas reconnaître ce nouvel ordre de choses.....* Il est d'ailleurs

tory de 1841, qui avait succédé lui-même au ministère libéral de 1830, dont il a été question plus haut.

une autre considération que la Suisse ne devrait jamais perdre de vue. L'Europe, en lui accordant par le traité de Vienne, avec une extension considérable de territoire, le précieux privilège de la neutralité, et en liant la jouissance de ces avantages à l'existence d'un système fédératif, a voulu surtout assurer la tranquillité d'un pays dont la paix intérieure est, pour elle, un intérêt de premier ordre. La position de la Suisse est telle qu'elle ne peut être livrée à l'anarchie ou à des troubles prolongés sans que plusieurs des principaux États du continent n'en ressentent le dangereux contre-coup. Si la Suisse se plaçait en dehors des conditions qu'elle a acceptées, *si elle devenait pour ses voisins un foyer d'agitation et de propagande révolutionnaire* qui compromît leur repos, *ils seraient certainement en droit de se croire déliés eux-mêmes de leurs engagements* ».

Ces instructions soulèvent, en réalité, deux questions : non seulement elles contestent à la Suisse le droit de modifier sa constitution fédérale, mais elles revendiquent pour les puissances garantes le droit de se considérer comme déliées de leurs engagements dans le cas où la Suisse deviendrait un foyer d'agitation et de propagande révolutionnaire. Ces deux points demandent à être examinés séparément.

Remarquons tout d'abord que, sur le premier point, M. Guizot ne va pas jusqu'à contester à tout État neutre le droit de réviser sa Constitution. Il dénie seulement à la Suisse le droit de se transformer, de Confédération qu'elle était, en État fédéral. Il semble que cette opinion puisse s'appuyer, en premier lieu, sur l'article 74 de l'acte final de Vienne. Cet article dit en effet : « L'intégrité des dix-neuf cantons, *tels qu'ils existaient en corps politique lors de la Convention du 29 décembre 1813*, est reconnue comme base du système helvétique ». Or depuis 1830 le parti centraliste travaillait en Suisse à consolider le pouvoir central au détriment de l'autonomie des cantons, agitation contraire, d'après M. Guizot, à l'esprit de l'article 74. Mais rien n'est moins formel à cet égard que cet article, qui vise simplement l'intégrité territoriale de la Confédération et non sa constitution. C'est ici le cas de dire avec Victor-Emmanuel qu'on ne doit pas lire entre les lignes des conventions : « *Nel bianco non si legge* ».

On nous objectera, il est vrai, que les Puissances garantes sont intervenues dans la rédaction de la constitution Suisse de 1815. Sans doute il y a eu une sorte de transaction entre les puissances et la Diète helvétique : on a donné aux Suisses une augmentation de territoire et l'on a garanti pour toujours leur neutralité, à la condition qu'ils établiraient au sein de leur confédération un ordre de choses durable et de nature à justifier la confiance de l'Europe. Mais il n'a jamais été question dans les actes du Congrès de Vienne ni d'une constitution garantie ni d'une constitution immuable. Il y a même lieu de remarquer que la constitution de 1815 est plus centralisatrice que la constitution de 1798. Le parti centraliste pouvait donc répondre en 1848 aux Puissances conservatrices que c'était la Sainte-Alliance elle-même qui avait encouragé en Suisse en 1815 le mouvement unitaire, qui remportait un nouveau triomphe en écrasant le *Sonderbund*.

Nous expliquerons d'ailleurs plus loin que les Puissances avaient entendu garantir en 1815 l'indépendance de la Suisse et non celle des cantons, ce qui les obligeait à laisser la Suisse faire usage de son indépendance intérieure en transformant sa constitution. Aussi les Puissances, mieux inspirées, n'ont-elles pas réclamé contre la révision constitutionnelle de 1874, qui a été cependant autrement centralisatrice que la réforme de 1848.

La même question pourrait se poser à l'égard de la Belgique. L'article 9 du traité des dix-huit articles s'exprimait ainsi : «... Les cinq Puissances, *sans vouloir s'immiscer dans le régime intérieur de la Belgique*, lui garantissent cette neutralité perpétuelle ». Ce membre de phrase a disparu dans l'article 7 du traité des vingt-quatre articles, qui se borne à dire : « La Belgique formera un État *indépendant* et perpétuellement neutre ». Il peut se faire que certaines Puissances, en présence de l'appui militaire donné une première fois par la France à la Belgique dans l'été de 1831, fussent devenues moins favorables à cette dernière. Mais elles auraient dû s'en expliquer dans les protocoles ou dans le traité. Or nous ne trouvons rien de tel dans ces textes ; d'autre part, l'État neutre étant un État souverain, le mot *indépendant* est présumé comprendre l'indépendance intérieure et l'indépendance extérieure. Ajoutons d'ailleurs que ni M. Guizot ni ses disciples n'ont jamais refusé à un État unitaire le droit de modifier sa Constitution.

L'État neutre est donc libre de réviser sa constitution ; mais les Puissances garantes n'ont-elles pas des droits particuliers quand l'État neutre devient un foyer de propagande révolutionnaire, ou quand il s'y produit des troubles intérieurs de nature à leur faire craindre pour leur tranquillité ?

La question, soulevée incidemment une première fois par M. Guizot en 1847, vient de se poser de nouveau à propos de l'affaire Fischer, et cette fois entre la Suisse et l'Allemagne. Les faits sont trop récents pour qu'il soit nécessaire de les rappeler longuement.

Vers la fin de 1887 les socialistes et les anarchistes se livrèrent en Suisse à des manifestations et publièrent des écrits dont on s'émut en Allemagne. Sur les réclamations de la légation allemande à Berne, le gouvernement fédéral ouvrit une enquête.

C'est alors que se greffa sur cette affaire un incident qui faillit la détourner de sa véritable solution. Le gouvernement fédéral découvrit que quelques-unes des personnes les plus compromises n'étaient autres que des agents secrets de la police allemande. Au moment où il allait s'en plaindre confidentiellement à Berlin, le capitaine Fischer, de la police de Zurich, révéla ce résultat de l'enquête dans une lettre rendue publique. C'était fournir un grief nouveau à l'Allemagne, qui aurait été sans cela fort embarrassée de répondre au grief de la Suisse.

Heureusement le gouvernement fédéral sut se tirer de cette malencontreuse affaire avec sa prudence habituelle. Il blâma le capitaine Fischer, et consentit à proposer au Conseil national la création d'un bureau de police fédérale chargé spécialement de la surveillance des réfugiés étrangers ; moyennant quoi, il décida le chancelier allemand à désavouer à la tribune du Reichstag ses agents secrets.

A cette occasion, M. Droz, chef du département suisse des affaires étrangères, a posé dans son discours du 20 mars 1888 au Conseil national (1), les véritables principes : « En droit international, a-t-il dit, il est une vérité élémentaire, c'est que chaque État souverain est maître de régler son ménage intérieur comme il l'entend. S'il nous convient de pratiquer une démocratie avancée, s'il convient à d'autres pays d'avoir des institutions monarchiques, nous n'avons pas plus le droit de nous mêler de leurs affaires qu'ils ne peuvent avoir la prétention de se mêler des nôtres... Seulement les étrangers qui viennent sur notre sol doivent bien se dire qu'ils contractent des devoirs envers nous... Si nous les laissons faire usage de la liberté de la presse et de la liberté de réunion, — ces libertés politiques que le peuple suisse s'est garanties à lui-même dans sa Constitution, — c'est à la condition qu'ils s'en montrent dignes ; sinon, nous avons le droit et le devoir de leur appliquer les lois du pays. Or ces lois ne prescrivent pas uniquement des poursuites judiciaires : elles prévoient aussi, — c'est

______

(1) *Gazette de Lausanne* du 21 mars.

le cas de l'article 70 de la Constitution fédérale, — l'expulsion des étrangers qui compromettent la sûreté intérieure ou extérieure de la Confédération ».

Ainsi, d'après M. Droz, l'État neutre jouit, comme tout autre État souverain, du droit d'asile ; mais, comme les autres États et *dans la même mesure qu'eux*, il doit empêcher que son territoire ne devienne un foyer de propagande révolutionnaire, ou une base d'opérations pour les révolutionnaires des États voisins.

Le traité de neutralité, bien loin de porter atteinte à son indépendance, doit, au contraire, garantir son indépendance intérieure et extérieure : c'est pour avoir méconnu ce principe que les articles de l'acte final de Vienne, relatifs à la neutralisation de Cracovie, n'ont pas tardé à être violés.

Mais cette garantie donnée à l'indépendance intérieure du neutre obligerait-elle les puissances garantes à assister avec indifférence à l'accomplissement d'une révolution au sein de l'État neutralisé ? La question est plus délicate : sans doute, une fois la révolution accomplie, ces puissances seraient libres, comme à l'égard de tout autre État qui aurait changé son gouvernement, de reconnaître ou de ne pas reconnaître le nouveau régime. Mais il y a lieu de se demander si elles auraient un droit d'intervention pendant la Révolution, et si, une fois le changement de gouvernement effectué, le traité de neutralité tiendrait encore.

Sur le premier point, il résulte de ce que nous venons de dire que la garantie donnée dans les traités de neutralité ne s'étend qu'à la neutralité, à l'indépendance et à l'intégrité de l'État garanti. Elle ne s'étend donc pas à l'ordre de succession dynastique ; et nous croyons qu'une intervention armée de l'une on de plusieurs des Puissances garantes dans l'intérêt de la dynastie d'un État neutre ne serait pas justifiée. La solution contraire ouvrirait du reste la porte à tous les abus, car il serait facile de prétendre, à la moindre agitation, que la dynastie de l'État neutre est en péril.

Des quatre traités de neutralité aujourd'hui existant, un seul fait allusion à la dynastie de l'État qu'il neutralise : c'est le traité de 1867 relatif au Luxembourg. L'article premier déclare que le Roi de Hollande maintient les droits des agnats de Nassau sur la succession du Grand-Duché. Et il ajoute : « Les hautes parties contractantes acceptent cette déclaration et en prennent acte ». Mais l'article premier ne parle nullement de garantie : les Puissances se bornent à prendre acte de ce fait que le Roi Grand-Duc maintient dans le Grand-Duché l'ordre de succession de mâle en mâle. Il n'y a, dans le traité, d'autre garantie que celle donnée par l'article 2 à l'indépendance, à l'intégrité et à la neutralité du Grand-Duché ; et encore ne fut-elle admise qu'après discussion, ce qui achève de prouver qu'elle ne doit pas être étendue.

Mais ne pourrait-on pas soutenir, du moins, que, la dynastie de l'État neutre disparaissant, les puissances qui ont traité avec elle sont dégagées, qu'elles reconnaissent ou non le gouvernement qui lui succède, de l'obligation d'observer la Convention de neutralité?

Remarquons d'abord que les gouvernements des États garants ne sont pas seulement obligés vis-à-vis de l'État garanti, mais qu'ils sont aussi liés entre eux. Or l'obligation qu'ils ont contractée les uns vis-à-vis des autres n'a pas de raison de s'éteindre.

Et l'on ne pourrait pas prétendre que l'objet de cette obligation a disparu, car ce que les Puissances garantes ont entendu garantir, ce n'est pas la forme du gouvernement, c'est l'indépendance, l'intégrité et l'inviolabilité du territoire neutre, toutes choses dont l'importance et l'intérêt subsistent.

Nous croyons, d'ailleurs, que le nouveau gouvernement de l'État neutralisé héritera, au point de vue de la neutralité, des droits et des obligations du gouvernement précédent. On ne saurait admettre, en effet, qu'une révolution délie un pays de toutes ses obligations internationales. A cet égard Vattel et Heffter (1) distinguent entre les traités réels et les traités personnels. Calvo (2), résumant l'opinion de la généralité des auteurs, dit avec raison : « La question de savoir jusqu'à quel point un changement fondamental survenu au sein d'un État invalide ou laisse subsister la force obligatoire de ses engagements antérieurs ne comporte pas de solution absolue : en cette matière tout dépend des circonstances, et de la nature et de la portée des trai-

(1) *Droit public de l'Europe*, § 99.
(2) I, p. 215.

tés. » Or les traités de neutralité, visant uniquement à maintenir l'indépendance de l'État garanti et son intégrité territoriale, et à interdire son territoire aux opérations militaires, doivent rentrer dans la catégorie des traités réels, c'est-à-dire des traités qui survivent aux révolutions intérieures, parce que les causes qui les ont dictés leur survivent aussi. Notons d'ailleurs que la France, à travers ses nombreuses révolutions, a toujours reconnu les neutralités garanties par elle. On ne voit donc pas pourquoi les révolutions, qui ne sont pas considérées comme déliant de ses obligations la Puissance garante, auraient pour effet de mettre fin aux obligations de la Puissance garantie.

Il est vrai qu'en 1857, quand le roi de Prusse renonça à ses droits de Prince de Neufchâtel et se décida à reconnaître la République proclamée à Neufchâtel en 1848, toutes les grandes Puissances intervinrent, et furent parties contractantes dans le traité signé à cette occasion entre la Prusse et la Suisse. Faut-il en conclure qu'un État neutre ne peut passer du régime dynastique au régime républicain sans le consentement des Puissances garantes de sa neutralité ? nous ne le croyons pas. L'intervention des Puissances en 1857 s'explique d'abord parce que la guerre avait failli éclater à ce moment entre la Suisse et la Prusse, par suite de l'appui donné par celle-ci à la dernière des tentatives faites par les légitimistes de Neufchâtel pour revenir au pouvoir. La guerre étant imminente entre le neutre et l'un de ses garants, la médiation pacifique des autres garants était tout indiquée. C'est du reste le motif

que donne de leur intervention le préambule du traité du
26 mai 1858 : la Prusse et la Suisse, dit-il, ont été invitées
à déférer aux démarches faites par les quatre puissances
dans l'intérêt de la paix. Cette intervention s'explique en
second lieu parce que l'*union personnelle* de la Prusse et
de Neufchâtel faisait partie des arrangements garantis par
les puissances signataires de l'acte final de Vienne ; il était
naturel, dès lors, de voir ces puissances intervenir lors de
la cessation de cette union.

Quant à l'article 1er du traité de 1867, il signifie simplement que la puissance garante qui ne reconnaîtrait pas la
dynastie de Nassau comme souveraine du Luxembourg
ne serait plus fondée à invoquer à son profit un traité de
neutralisation qu'elle aurait violé dans une de ses clauses.
De même cet article aurait permis aux garants de ne plus
tenir compte de la neutralité du Luxembourg, si le roi
Grand-Duc avait, sans les consulter, déshérité ses agnats
de Nassau. Mais l'article 1er ne donnerait nullement à l'un
des garants le droit de se dire dégagé de ses obligations,
si la dynastie de Nassau venait à s'éteindre, ou si une révolution purement intérieure, c'est-à-dire un fait indépendant de la maison d'Orange-Nassau ou des autres garants,
venait à la renverser.

On pourrait nous objecter encore que notre théorie ne
peut pas tout au moins s'appliquer à la Belgique, les Puissances garantes étant intervenues dans l'établissement de
la monarchie belge. Mais nous ne croyons pas l'objection
fondée. Sans doute les Puissances représentées à la Confé-

rence de Londres se sont préoccupées du régime qui allait s'établir à Bruxelles ; mais on ne voit dans aucun des protocoles rédigés par la Conférence antérieurement au choix du Prince de Saxe-Cobourg qu'elles aient fait du maintien de ce régime une des conditions d'existence de la neutralité belge.

Dans le protocole du 27 janvier 1831, protocole relatif à la séparation de la Belgique et de la Hollande, et où il est pour la première fois question du gouvernement définitif à établir à Bruxelles, les représentants des puissances se bornent à dire que, « *sans rien décider sur la grave question de la souveraineté de la Belgique*, il leur appartient de déclarer qu'à leurs yeux le souverain de ce pays doit nécessairement *répondre aux principes d'existence du pays lui-même, satisfaire par sa position personnelle à la sûreté des États voisins*, accepter à cet effet les arrangements consignés au présent protocole et se trouver à même d'en assurer aux Belges la paisible jouissance ».

Ce protocole répond simplement à l'unique préoccupation qu'avait alors l'Europe : empêcher un Prince français d'être le chef de l'État belge. Ainsi s'explique le passage où il est dit que le futur souverain devra répondre aux principes d'existence de la Belgique et satisfaire, par sa position personnelle, à la sûreté des États voisins.

Cette préoccupation se retrouve dans les protocoles suivants, en date du 1er et du 7 février, par lesquels les Puissances s'engagent à ne pas accepter la couronne de Belgique pour un des membres de leurs familles régnantes, et à ne pas reconnaître le Duc de Leuchtenberg, s'il accepte cette couronne.

Et, s'il est toujours question d'un souverain dans ces protocoles, si l'on y envisage toujours la Belgique comme une future monarchie, c'est que, dès le début, les Belges n'ont pas songé à un autre régime. Le parti français, n'ayant pas pu obtenir l'annexion de la Belgique à la France, s'était immédiatement rabattu sur la combinaison qui consistait à installer un prince français en Belgique. Et les quatre Puissances garantes qui s'opposaient à ce projet ne faisaient que des objections relatives à la nationalité du candidat. En effet les États garants, étant tous monarchiques, préféraient voir à Bruxelles une monarchie : c'est ce que les Belges de tous les partis comprirent. Mais à aucun moment le régime monarchique ne fut présenté comme une condition de la neutralité. Bien plus on inséra dans le protocole du 19 février le principe suivant : « les traités ne perdent pas leur puissance, quels que soient les changements qui interviennent dans l'organisation intérieure des peuples » (1). On aura beau dire que cette phrase n'avait d'autre but que de rappeler, au lendemain de la révolution de juillet, que les traités de 1815 étaient encore en vigueur : un principe de Droit international, une fois admis, ne doit pas seulement être invoqué contre la France, il doit

____

(1) En outre, à la séance du 20 mars, le plénipotentiaire français protesta au nom de son gouvernement contre toute interprétation des protocoles précédents de nature à justifier une intervention armée d'un État dans les affaires intérieures d'un autre État.

aussi être respecté par tous les États qui l'ont proclamé.

Donc, en principe, les puissances garantes n'ont aucun droit *spécial* d'intervention à raison des faits qui pourraient se produire à l'intérieur de l'État neutre : c'est là une règle à laquelle ne déroge aucun des traités existants. Toutefois on vient de voir qu'elle pourrait donner lieu, surtout dans l'hypothèse d'une révolution, à une vive controverse : les peuples qui jouissent de la neutralité devront donc montrer dans leur politique intérieure la même prudence que dans leur politique extérieure.

B. — C'est surtout dans le domaine de la politique extérieure que le principe posé au début de ce chapitre recevra son application.

L'État perpétuellement neutre, avons-nous dit, est maître de sa politique extérieure et de son action diplomatique ; mais il doit éviter de contracter tout engagement qui pourrait l'entraîner dans une guerre.

C'est dire que les traités qui lieraient d'une façon permanente sa politique à la politique d'un État libre de faire la guerre lui sont interdits.

Ainsi l'État neutre ne pourra jamais se lier à un État non neutre par les liens d'une *union réelle*, ou par un lien fédéral, car l'union réelle, la *confédération* et l'*État fédéral* supposent l'existence d'un pouvoir central affectant, suivant les cas, la souveraineté extérieure et intérieure ou seulement la souveraineté extérieure des États qui composent l'union.

Si donc un État neutre se trouvait passer, par voie de

succession, aux mains d'un prince déjà souverain d'un État non neutre, il faudrait limiter l'union des deux États à la personne du souverain.

C'est ainsi que le Grand-Duché de Luxembourg a pu, sans inconvénient pour sa neutralité, être gouverné jusqu'au 23 novembre 1890 par le même souverain que la Hollande. C'est que rien, à part la personne du prince, n'était commun entre les deux États : non seulement ils avaient deux gouvernements et deux pavillons distincts, mais même le Luxembourg avait chez les puissances voisines des agents diplomatiques spéciaux ; et il ne confiait la protection de ses nationaux à la Hollande que dans les pays où les Luxembourgeois sont peu nombreux, de même que les Suisses sont dans quelques pays lointains sous la protection des consuls français.

Le roi de Prusse fut, de même, prince de Neufchâtel de 1815 à 1857. Il faut remarquer, toutefois, qu'en 1857 il fut tenté de se servir des soldats du roi de Prusse pour ramener à l'obéissance les sujets du prince de Neufchâtel, ce qui montre bien qu'en pratique un État neutre ne sera jamais assez indépendant d'un autre État.

Donc un État que l'on neutralise doit être créé absolument libre et indépendant des autres États non neutres ; et, si les événements veulent que sa dynastie se confonde avec celle d'un autre État, il faudra, faute de mieux, maintenir à l'union un caractère *strictement personnel*.

Que décider si l'État neutre s'agrégeait, après coup, à un autre État neutre ? Il semble qu'il n'y aurait pas ici les mêmes inconvénients. Il est certain cependant que les deux États neutres ne pourraient, sans l'aveu des puissances garantes, passer de l'union personnelle à l'union réelle ou à l'union fédérale, car leur indépendance extérieure, qui a fait l'objet de la garantie, se trouverait atteinte. :

Cette solution ne contredit pas celle que nous avons donnée relativement à l'union des vingt-deux cantons suisses neutralisés en 1815 en un État fédéral. L'évolution de la Suisse du régime de la Confédération au régime de l'État fédéral avait, en effet, commencé |en 1798, bien avant la réunion du Congrès de Vienne. En 1815, si les dix-neuf cantons gardaient encore le droit de conclure séparément des conventions d'ordre purement économique, il y avait déjà une diète fédérale qui absorbait presque toute la souveraineté diplomatique des cantons. A l'égard des Puissances garantes cette diète traita seule, comme représentant le système helvétique ; et les Puissances ne virent dans la Suisse qu'un seul État, donnant ainsi d'avance le caractère de faits intérieurs à tous les changements qui se produiraient dans son sein.

Ce qui nous paraît donc interdit, c'est la fusion, après coup, de deux États neutres *qui auraient été neutralisés comme deux entités diplomatiques distinctes.*

Par suite, même entre États neutres, l'union que les circonstances rendraient inévitable devra, du moins, rester personnelle. L'exemple de la Belgique et du Congo nous montre, d'ailleurs, que, même entre États neutres, l'union même personnelle n'est pas sans danger. Le testament politique du roi Léopold, qui vient d'être publié, établit que ce souverain a profité de l'union personnelle établie entre ces deux États pour gager sur le territoire même du Congo un emprunt consenti à l'État africain par la Belgique, acte qui expose le Congo à devenir une colonie belge.

Un État neutre pourrait-il, du moins, conclure avec un autre État une *Union douanière* ? Cela revient à se demander si l'union douanière peut faire courir un danger à l'autonomie d'un État. Or il suffira de citer l'exemple célèbre du *Zollverein* pour montrer les dangers d'une union de ce genre. De tous les petits États qui, vers le milieu de ce siècle, contractèrent une union douanière avec la Prusse, le Luxembourg est le seul qui ne soit pas tombé sous l'hégémonie prussienne. Il est rare, en effet, que la communauté des douanes n'entraîne pas la fusion des intérêts commerciaux. Et s'il existe déjà entre les États de l'Union douanière d'autres intérêts communs et des affinités historiques ou ethnographiques, ces États marchent rapidement vers l'union absolue.

Ces principes ont été méconnus en 1842 par M. Guizot lorsqu'il s'efforça d'établir une union douanière entre la France et la Belgique (1). Ce projet d'union douanière rencontrait de grandes sympathies en Belgique où le parti français était encore puissant ; d'ailleurs ce pays essentiellement industriel aurait été heureux de voir s'ouvrir devant lui le marché français. Mais le plan de Guizot se heurta,

____

(1) V. Guizot, *Mémoires*, t. VI.

dès qu'il fut connu, à l'opposition de l'Angleterre, appuyée bientôt par les trois autres grandes Puissances.

La diplomatie européenne fit remarquer à M. Guizot que la réalisation de son projet pouvait compromettre à la longue l'autonomie de la Belgique. En réponse à ces observations, le ministre français prétendit que l'union douanière ne portait aucune atteinte à l'indépendance d'un État, et que cette indépendance exigeait, au contraire, que l'État neutre fût entièrement libre de modifier à son gré ses tarifs douaniers. La France et la Belgique, disait-il, pourraient d'ailleurs adopter entre elles une politique absolument libre-échangiste sans que personne eût rien à y voir, et arriver ainsi peu à peu à supprimer en fait la ligne de douanes qui les séparait.

Il est facile de réfuter un raisonnement aussi spécieux. Outre qu'il ne serait pas soutenable aujourd'hui, depuis l'introduction dans la plupart des traités de commerce de la clause de la nation la plus favorisée, on pouvait répondre à M. Guizot en 1842 que l'union douanière n'est pas moins dangereuse pour l'État neutre si on y arrive par une voie détournée, car elle présentera dans ce cas les mêmes inconvénients qu'une union avouée *ab initio*.

M. Guizot paraît, du reste, ne pas tenir lui-même à sa théorie, car il donne à entendre que son projet avait surtout pour but de faire échec aux intrigues de la Prusse, et d'empêcher la Belgique de suivre le Luxembourg, qui entrait à ce moment même dans le *Zollverein*. Il reconnaît aussi que le parti autonomiste, qui appuya son projet à

Bruxelles de concert avec le parti français, voulait faire avorter les tentatives du parti flamand qui rêvait déjà à cette époque d'une union douanière entre la Belgique et la Hollande.

Ces ambitions diverses se neutralisèrent ; et l'intervention de l'Angleterre, intéressée évidemment à écarter les Français d'Anvers, fit triompher les véritables principes.

En 1867, cependant, l'Europe a autorisé le Luxembourg à conserver, malgré sa neutralisation, son union douanière avec les États allemands. Sur la proposition du plénipotentiaire de Prusse et du baron de Tornaco, premier plénipotentiaire Luxembourgeois, la Conférence déclara que l'article 2 du traité du 11 mai n'établissait qu'une « neutralité militaire » et ne portait aucune atteinte aux droits commerciaux du Grand-Duché, ni à la faculté de conclure une union douanière avec un État voisin.

Cette interprétation se justifiait sans doute par l'impossibilité où se trouve un État de 200.000 âmes et de 2.500 kilomètres carrés d'avoir une existence agricole et industrielle séparée et de se suffire à lui-même. Mais cela prouverait qu'il n'est pas sans inconvénient de donner d'aussi étroites limites à un État que l'on appelle à l'indépendance.

Du reste, M. Servais, qui était le deuxième plénipotentiaire du Luxembourg à la Conférence, a eu soin de reconnaître, dans son ouvrage sur *le Traité de Londres* (1), que

______

(1) P. 176-177.

la décision de la Conférence ne devait pas être généralisée. « Elle a été prise, dit-il, pour consacrer un fait accompli devant lequel les principes plient souvent en matière politique..... Il s'agit ici d'un cas spécial qui ne comporte pas de généralisation. » En effet « les principes de la neutralité ne s'accordent pas avec les stipulations de ce genre ».

Les événements paraissent avoir montré, d'ailleurs, que l'on se trouve bien ici en présence d'une exception qui confirme la règle. La perte de l'autonomie douanière et la fusion d'intérêts qui en résulte devait entraîner, à la première occasion, l'exploitation des voies ferrées luxembourgeoises par les Allemands. C'est ce qui s'est produit, après 1870, pour les principales lignes du Grand-Duché ; et même, non contente de ce résultat, l'Allemagne a interdit à la Compagnie française de l'Est, par l'un des articles additionnels au traité de Francfort (De Clercq, X, 480), d'exploiter des lignes de chemins de fer situés en Luxembourg. Enfin à l'heure actuelle une campagne est commencée dans la presse allemande pour amener le Luxembourg à adopter les lois allemandes sur l'alcool et à prendre part aux travaux de canalisation de la Moselle (1).

Sans doute l'indépendance du Grand-Duché, garantie par l'Europe, reste intacte ; mais on voit qu'elle a parfois à lutter contre la fusion d'intérêts qui est la conséquence inévitable de l'Union douanière.

Les autres liens pouvant exister entre deux États sont *a*

____

(1) V. la *Gazette de Francfort*, novembre 1890

fortiori interdits à l'État neutre. Nous avons déjà démontré qu'il ne devait pas être sous le protectorat d'un autre État : il est évident qu'il ne pourra pas non plus jouer le rôle d'État protecteur, car il contracterait, en assumant cette situation, des obligations pouvant le conduire à la guerre.

Par la même raison l'État neutre ne peut pas garantir la neutralité d'un autre État. C'est pourquoi l'article 2 du traité de 1867, après avoir proclamé la neutralité du Luxembourg, s'exprime ainsi : « Ce principe est et demeure placé sous la garantie collective des puissances signataires, *à l'exception de la Belgique, qui est elle-même un État neutre* ».

La Conférence de Berlin de 1885 paraît avoir oublié ce principe quand elle a admis la Belgique à garantir la neutralité du Congo. Il est vrai que, par l'article 10 de l'acte final, les Puissances signataires s'engagent simplement à respecter la neutralité du Congo, et non à la faire respecter. Mais cet engagement était superflu de la part de la Belgique, qui est elle-même un État neutre. Nous avons vu, d'ailleurs, que l'acte de 1885, comme l'a remarqué le plénipotentiaire belge lui-même, donne à chaque puissance signataire le droit d'exiger le respect de la neutralité du Congo de la part des autres signataires. Or il est certain que la Belgique, étant un État neutre, ne pourrait réclamer le respect des conventions signées par elle que par la voie diplomatique. Les actes de guerre ne lui sont permis que lorsque son indépendance, son intégrité ou sa neutralité sont en danger.

Il reste à se demander si un État perpétuellement neutre peut avoir des colonies.

Si ces colonies existent au moment de la neutralisation, il n'y a pas d'inconvénient. Sans doute les garants contracteront ainsi des obligations plus étendues ; mais ils agissent en connaissance de cause ; et l'on conçoit même qu'il puisse y avoir avantage, à un moment donné, à neutraliser un État ayant, comme la Hollande, un empire colonial. L'hypothèse ne s'est, du reste, jamais présentée jusqu'ici.

Mais nous croyons qu'un État neutre ne peut pas, après coup, acquérir de colonies, à moins que les Puissances garantes ne consentent à étendre la neutralisation aux colonies ainsi acquises. Il ne s'agit ici, bien entendu, que de colonies qui seraient acquises d'une façon pacifique, les guerres de conquête et les expéditions lointaines étant interdites par définition à l'État neutre. Si les Puissances garantes ne donnent pas leur approbation unanime, si elles ne consentent pas à signer un nouveau traité neutralisant l'ancien État neutre augmenté de ses acquisitions coloniales, non seulement la colonie ne jouira pas de la garantie, car on ne l'avait pas eue en vue au moment de la neutralisation de sa métropole, mais même l'annexion de la colonie sera contraire au droit international. En effet le neutre, en annexant une colonie, s'est engagé à protéger et à défendre les colons et les indigènes : il a donc contracté des obligations pouvant le conduire à la guerre, et à une guerre qui lui est interdite, car elle ne serait pas entreprise pour défendre le territoire neutralisé par les garants.

Que décider si un État neutre annexe un territoire neutre ? Si le territoire annexé constitue un État, l'annexion est contraire aux principes de la neutralité, car ces principes, qui s'opposent à la transformation en union réelle de l'union personnelle de deux États neutres, s'opposent *a fortiori* à l'absorption de l'un de ces États par l'autre. Ainsi on ne saurait approuver l'hypothèque prise par la Belgique sur le Congo. Si le territoire annexé ne constitue qu'une province, l'annexion n'est pas non plus licite, car il y a atteinte portée au *statu quo* territorial de l'État démembré, et par suite à la garantie qui a été donnée à ce *statu quo*.

Tels sont les droits et les devoirs du neutre quant à la conclusion des traités perpétuels. Les autres traités lui sont également permis sous les mêmes réserves.

« Même dans ses traités de commerce, dit Wheaton, il doit se garder d'accepter des obligations incompatibles avec ses devoirs en temps de guerre », c'est-à-dire avec sa neutralité. Ainsi se trouvent interdits au neutre non-seulement les traités d'union douanière, mais même les traités qui, favorisant spécialement un pays déterminé, équivaudraient à une union douanière.

Quant aux traités d'alliance, il est clair que le neutre ne peut pas conclure d'alliances offensives. Il est évident aussi que les alliances défensives lui sont permises lorsqu'il vient à être attaqué ; dans ce cas, en effet, comme il a le droit de se défendre par ses propres forces, il a aussi le droit de s'allier à une Puissance tierce dont l'armée viendra appuyer son armée et celles des garants : son état de légitime défense l'autorise alors à employer tous les moyens de repousser l'agression.

Mais la question s'est posée de savoir si, *dès le temps de paix*, un État perpétuellement neutre peut conclure une alliance défensive dans le but de repousser une agression éventuelle.

Arendt admet l'affirmative (1). Mais il ne voit pas que, dans la pratique, un État neutre ne trouvera à négocier une alliance défensive, que s'il accepte des obligations réciproques de celles de l'autre contractant : celui-ci ne s'engagera à défendre éventuellement l'État neutre que si le neutre promet à son tour de défendre son allié. L'État neutre contracterait donc des obligations pouvant le conduire à la guerre.

Voilà pourquoi nous repoussons en principe l'opinion d'Arendt, mais en reconnaissant qu'elle pourrait être soutenue si l'on supposait dans le traité d'alliance défensive l'absence de réciprocité. Ainsi, par exemple, si la Belgique pouvait, sans rien promettre elle-même, obtenir de la Hollande la promesse désintéressée d'un appui armé pour le cas où la neutralité belge serait mise en péril, rien ne s'opposerait à ce que la Belgique acceptât cette promesse et s'efforçât même de la provoquer.

Que dire de la théorie de M. Rolin-Jaequemyns, qui autorise l'État perpétuellement neutre à prendre part à un échange de vues ayant pour but d'assurer le maintien de

---

(1) *Essai sur la neutralité de la Belgique*, p. 92.

la paix générale contre les entreprises possibles de certaines Puissances ? (1). Sans doute, dit-il, « une Puissance neutre ne pourrait pas adhérer à la triple alliance », c'est-à-dire à une alliance ayant d'autres buts que la défense de sa neutralité. Mais « elle pourrait fort bien entretenir avec qui il lui plaraît une correspondance analogue à celle dont a parlé Sir James Fergusson le 22 février 1888 ».

Or on se rappelle que le 22 février 1888, Sir James Fergusson faisait à la Chambre des communes la déclaration suivante (2) : « Sans doute, disait-il, l'Angleterre n'a contracté aucun engagement pouvant amener l'emploi de ses forces militaires ou navales, en dehors de tous ceux déjà connus de cette Chambre..... Seulement il y a eu une correspondance échangée avec les Puissances, en raison de l'état de choses critique de l'an passé, et il y a eu une correspondance confidentielle avec beaucoup de Puissances au sujet du maintien de la paix. Cette correspondance a porté naturellement sur les questions ayant trait à la paix, sur le caractère et le but des Puissances dont on pouvait craindre une attitude contraire à la paix. Des idées ont été exprimées sur les conséquences de toute action pouvant amener la rupture de la paix, et on a envisagé tout ce qui pourrait résulter d'un appel à l'action des forces énormes rassemblées par chaque Puissance militaire ».

La correspondance dont parlait Sir J. Fergusson n'ayant jamais été publiée, il serait difficile de décider s'il aurait

----

(1) *Revue de Droit international*, 1888, n° 1.
(2) V. le *Times* du 23 février 1888.

été ou non permis à un État neutre d'y prendre part.

Mais M. Rolin-Jaequemyns tient à préciser sa pensée ; et il déclare (1), en s'appuyant sur le premier discours prononcé par M. Crispi à Turin, le 25 octobre 1887, que l'Angleterre doit, par cette correspondance confidentielle, s'être engagée à protéger le littoral Italien contre un débarquement éventuel des troupes ennemies.

Voilà le genre d'engagements que M. Rolin-Jaequemyns permettrait à un État neutre ! Il est inutile de démontrer que ce sont là des engagements conduisant à la guerre, et que, s'ils sont interdits à l'État neutre même quand il s'agit d'assurer sa propre tranquillité, ils lui sont interdits à plus forte raison quand il s'agit d'assurer la paix européenne.

Nous avons dit que l'alliance défensive, quand elle entraîne des obligations réciproques, n'est permise à l'État neutre que s'il vient à être l'objet d'une agression. On comprend aisément que cette agression devra s'être traduite par quelque fait : un projet resté inexécuté, comme le projet de partage de la Belgique qui fut publié en 1870, ne pourrait pas évidemment être considéré comme un acte de nature à délier l'État neutre de ses obligations internationales.

Mais, à côté de l'hypothèse d'une paix générale et du cas où l'État neutre serait attaqué, on peut envisager une troisième situation : l'État perpétuellement neutre n'a pas été attaqué, mais la paix générale a été rompue, et il craint

---

(1) *Op. cit.*, pp. 15-16.

que sa neutralité ne soit violée pendant la lutte qui vient
d'éclater entre les Puissances voisines.

Arendt, qui permet d'une façon générale l'alliance défensive en temps de paix, l'autorise *a fortiori* dans ce cas.
« La Belgique, dit-il, peut également, dans le cas d'une
guerre où sa neutralité paraîtrait menacée, s'allier avec la
Hollande » (1). Mais nous ferons observer que la Belgique
ne peut pas, tant que la paix n'a pas été rompue vis-à-vis
d'elle, contracter des engagements pouvant la conduire à
la guerre. Donc, même dans ce cas, le traité d'alliance
défensive lui est interdit en principe : elle pourra simplement recevoir une promesse d'appui désintéressé.

On objectera sans doute que, dans le cas où la guerre
éclaterait *entre des Puissances garantes* —, qui seraient
ainsi absorbées par le soin de leur propre conservation, et
dont l'une serait peut-être tentée de violer la neutralité
belge pour mieux se défendre, — il paraîtra dur de refuser
à la Belgique le surcroît de sûreté provenant d'une alliance
avec la Hollande. On trouvera peut-être aussi qu'il serait
dangereux, avec la rapidité actuelle des opérations militaires, d'obliger la Belgique à attendre l'agression pour
conclure cette alliance. Mais nous verrons plus loin qu'aussitôt l'agression commencée et l'alliance conclue la Belgique et son allié seraient libres, en vertu du traité même
de garantie, de se concerter avec le belligérant qui n'aurait
pas violé la neutralité Belge ; nous verrons aussi que l'au-
torité militaire de l'État neutre doit toujours tenir son

______

(1) *Op. cit.,* p. 93.

territoire à l'abri d'un coup de main. Si l'on joint à cela le droit de faire appel aux autres garants, on reconnaîtra qu'il y a là pour le neutre un ensemble de sûretés qui compensent largement celle que les principes mêmes de la neutralité perpétuelle nous obligent à lui refuser.

Cette étude des obligations de l'État perpétuellement neutre nous montre qu'il vaut mieux pour lui ne pas accepter, même du consentement des puissances garantes, un mandat européen dans le genre de celui que certains publicistes auraient voulu en 1881 voir confier à la Belgique. Au lendemain des événements d'Alexandrie quelques journaux proposèrent, en effet, d'envoyer un corps d'armée belge rétablir l'ordre en Egypte. Qui ne voit que la Belgique aurait ainsi gaspillé au loin des forces qui doivent être uniquement consacrées à la défense du territoire neutralisé ?

Ainsi les obligations spéciales à l'État perpétuellement neutre sont assez nombreuses, mais elles se justifient par le fait même de sa neutralité : on ne saurait donc les augmenter arbitrairement sans porter atteinte à son indépendance extérieure.

Aussi ne peut-on pas approuver le refus du gouvernement belge de prendre part officiellement à l'Exposition de 1889, étant donné les motifs sur lesquels le Président du Conseil des ministres belges a basé son refus. « La Belgique », a dit M. Beernaert, en répondant à une interpellation qui lui était adressée à ce sujet dans la séance du 2 mars 1888, « a la sage habitude, dans les questions d'intérêt international, de régler sa conduite sur celle des autres, et spécialement des Puissances garantes de sa neutralité ». M. Rolin-Jaequemyns, qui n'est cependant pas, comme on vient de le voir, suspect d'hostilité à l'égard des Puissances dont le refus a entraîné celui de la Belgique, M. Rolin-Jaequemyns (1) a été le premier à reconnaître que le ministre faisait là « une concession véritablement imprudente ». Et, en effet, ne pas distinguer entre les questions internationales, et admettre qu'en toutes matières la Belgique a enchaîné sa souveraineté extérieure, c'est proclamer le protectorat collectif des Puissances garantes sur la Belgique. Est-ce que le fait de participer à une Exposition peut entraîner un État neutre à prendre part à une guerre ? est-ce qu'il peut compromettre son indépendance extérieure ? non évidemment. C'est, au contraire, le refus de l'État neutre qui porte atteinte ici à son indépendance. La Suisse l'a compris, et elle a pris part officiellement à l'Exposition de Paris, sans qu'aucune des Puissances garantes qui ont préféré l'abstention ait songé à s'en plaindre ou à l'en blâmer.

C. — Tels sont les droits et les devoirs de l'État perpétuellement neutre au point de vue des questions de politique intérieure et extérieure. Mais il y a un troisième ordre de questions qui a pris aujourd'hui une importance telle qu'il doit être examiné à part : ce sont les questions relatives à la préparation à la guerre, ou plutôt à la préparation de la défense nationale. Elles se posent aussi pour l'État perpétuellement neutre, car, en cas d'attaque, non seule-

____

(1) *Revue de Droit international*, 1888, n⁰ 1, p. 29.

ment il lui est permis de se défendre, mais même, comme nous le verrons plus loin, il y est obligé. Il faut donc se demander si ses devoirs, au point de vue de la préparation de cette défense, sont les mêmes que ceux des autres États souverains.

Et d'abord, puisque nous démontrerons que l'État neutre doit se défendre lui-même sans se reposer sur la garantie, il faut en conclure que ses devoirs, au point de vue de la préparation à la guerre, ne sont pas inférieurs à ceux des autres États. L'État perpétuellement neutre devra donc *développer toutes ses ressources défensives :* et l'on ne peut que féliciter la Suisse d'avoir aujourd'hui des lois militaires qui lui permettent de mobiliser un effectif égal au neuvième de sa population, de même que l'on doit regretter de voir les Belges hésiter à adopter le service personnel. Pour la même raison on doit applaudir aux récents efforts des fonderies de Liège, et leur souhaiter de rivaliser un jour avec Essen ou le Creusot.

Ainsi la neutralité perpétuelle ne dispense pas ici l'État qui en jouit des obligations qui incombent à tout État souverain. Il faut ajouter qu'elle ne lui confère pas non plus de droits spéciaux de nature à gêner les préparatifs militaires de ses voisins.

C'est donc à tort qu'Arendt (1) a prétendu que les Puissances voisines de la Belgique ne pouvaient pas créer des établissements militaires ou des forteresses près de son territoire. Arendt fait remarquer, à l'appui de sa thèse, que l'ar-

____

(1) *Op. cit.*, p. 136.

ticle 8 de l'acte final de Vienne, interdisait à l'Autriche de
créer un établissement militaire quelconque à Podgorce, cet
établissement pouvant menacer la neutralité de Cracovie.
Mais le fait même qu'il a fallu un article spécial pour empêcher de fortifier Podgorce prouve que les autres localités
voisines de l'État de Cracovie ou de n'importe quel État
neutre peuvent être fortifiés. L'article 90 du même acte
final, article dont nous reparlerons plus loin, autorise d'ailleurs expressément le roi de Sardaigne à fortifier toutes les
portions de son territoire qui confinaient à la Suisse. On
pourrait nous objecter, de même, que la France et la Suisse
se sont interdit, par le traité de 1862, de fortifier la petite
vallée des Dappes ; mais nous réfuterions cet argument de
la même manière que celui qui est tiré de l'article 8 de
l'acte final de Vienne. Le traité de 1862 lui-même condamne,
du reste, la théorie d'Arendt, car la France n'a consenti
à renoncer à fortifier ce point de sa frontière que parce que
la Suisse a assumé une obligation réciproque. Arendt ne
peut donc invoquer qu'un texte unique, établissant une servitude sur une seule localité ; tous les autres textes autori-
sent la création d'établissements militaires près des frontières des États perpétuellement neutres, et l'on ne saurait,
à cet égard, s'exprimer d'une façon plus générale que l'article 90. Du reste les forts et les magasins ne constituent
pas seulement des bases d'attaque ; ils constituent aussi
des moyens de défense. Or l'État voisin de l'État neutralisé
n'a-t-il pas le droit de prévoir la violation de cette neutralité, puisque l'État neutre est tenu de la prévoir lui-même

et de se préparer à repousser une agression ? D'ailleurs plus la frontière franco-belge sera hérissée de forts par la France, moins l'armée allemande sera tentée, dans le cas d'un conflit entre ces deux Puissances, d'entrer en France par cette voie : il y a donc là une sûreté pour la Belgique, et non pas forcément une menace. On raisonnerait de même pour donner à l'Allemagne le droit d'élever des forts à la frontière belge. Et puis les établissements militaires ne serviraient-ils pas de base à l'armée de secours, dans le cas où la Belgique, étant, — s'il est permis de faire cette hypothèse, — attaquée par l'une de ces deux Puissances, appellerait l'autre belligérant en garantie ? Enfin un fort n'est pas plus dangereux pour la puissance voisine qu'une loi militaire permettant la mobilisation rapide de tous les habitants d'une province voisine de la frontière. On en arriverait donc à interdire, en exagérant le raisonnement d'Arendt et des journalistes suisses de son école, tout préparatif militaire et aux États neutres et aux autres États voisins. Or ces préparatifs constituent une obligation pour tous les États. Donc l'État perpétuellement neutre n'a pas à protester contre les préparatifs de défense de ses voisins ; il n'a surtout pas le droit de les considérer exclusivement comme pouvant servir à une agression éventuelle dont il serait l'objet.

2° Droits et devoirs de l'État perpétuellement neutre en temps de guerre.

Supposons maintenant l'État neutre attaqué. Dans ce cas il n'a pas seulement le droit et le devoir de faire appel aux Puissances garantes, il peut et il doit se défendre lui-même. L'obligation contractée à son égard par les garants est, en effet, synallagmatique : il ne faut pas que l'un d'eux ait à souffrir de l'engagement qu'il a pris de respecter le territoire de l'État neutre. Or il pourrait arriver, si le neutre ne se défendait pas, que, dans une guerre entre deux puissances voisines, l'un des adversaires passât par le territoire neutre, avant que les garants aient le temps d'intervenir, pour tourner l'armée de l'autre belligérant. Si l'on suppose que celui-ci est l'un des garants de l'État neutre et n'a pas voulu prévenir son adversaire en violant le traité de neutralité, on se trouve dans une hypothèse où le garant, n'ayant rien à se reprocher, souffrira de la négligence de l'État neutre. Celui-ci ne pourra donc pas invoquer la garantie pour se dispenser de l'obligation de se défendre lui-même en cas d'attaque.

Il suit de là que l'État perpétuellement neutre est obligé de défendre, non seulement son indépendance et son intégrité, mais aussi son inviolabilité.

Ce principe a été reconnu, au nom du gouvernement Belge, par M. Thonissen, ministre de l'intérieur, lors de la mémorable discussion qui eut lieu au Parlement de Bruxelles en 1887 au sujet des fortifications à élever dans la vallée de la Meuse.

Dans la séance du 9 juin, répondant à M. Frère-Orban, qui prétendait qu'en cas de guerre l'armée belge n'aurait qu'à se réfugier sous Anvers, M. Thonissen déclara que ce serait là, pour la Belgique, abdiquer sa neutralité,

Le ministre insista sur ce point « qu'en 1870 la promesse d'assistance de l'Angleterre avait été précédée de l'engagement pris par la Belgique de faire tous les sacrifices nécessaires pour défendre sa neutralité ».

Et M. Thonissen ajouta : « La France alors s'est loyalement conduite, elle aussi, à notre égard ; elle nous a demandé si nous étions disposés à nous défendre, et si nous le pouvions : sur nos assurances formelles à cet égard, elle nous a déclaré qu'elle respecterait notre neutralité ».

Il ne suffit donc pas, pour le gouvernement de l'État neutre, de se réfugier dans une place forte et d'y laisser passer l'orage. Il doit, dès le temps de paix, se préoccuper de barrer les routes d'invasion suivant lesquelles les belligérants auraient intérêt à le traverser dans le cas d'une guerre entre deux puissances voisines. C'est ce qu'a fait le parlement belge en votant les fonds nécessaires à l'érection des fortifications de Namur et de Liège ; c'est ce qu'ont fait les Suisses en fortifiant le Saint-Gothard, et en empêchant ainsi les Italiens de se servir éventuellement de leur territoire, soit pour envahir la France, soit pour donner la main aux autres Puissances de la triple alliance.

Ce droit et cette obligation de l'État neutralisé de construire des forts paraissent en contradiction avec l'article 3 du traité de 1867 relatif au Luxembourg. Cette article dit en effet : « le Grand-Duché de Luxembourg étant neutralisé, le maintien ou l'établissement de places fortes sur son territoire devient sans nécessité comme sans objet ».

Mais l'article 3 ne doit pas être interprété d'une façon

générale. Le représentant de la Belgique, c'est-à-dire de l'État qui aurait eu le plus à souffrir de la rédaction défectueuse de cet article, eut soin d'en faire préciser immédiatement la signification (1) par la Conférence de Londres elle-même ; et, le jour de la signature du traité, tous les plénipotentiaires signèrent en même temps la déclaration suivante : « Il est entendu que l'article 3 ne porte point atteinte au droit *des autres puissances neutres* de conserver, *et, au besoin d'améliorer*, leurs places fortes *et autres moyens de défense* ».

La servitude imposée au Luxembourg doit donc s'expliquer, comme nous l'avons dit, par l'impossibilité où serait ce petit État de maintenir en état de défense une position stratégique aussi importante que Luxembourg.

L'État neutre ne doit pas se contenter de barrer par des forts les chemins stratégiques qui le traversent : il doit, en cas d'attaque, y porter ses troupes mobiles afin de tout tenter pour empêcher le passage de l'ennemi. A cet égard, M. de Laveleye s'exprime ainsi, dans l'un des articles qu'il a publiés en 1888 sur la neutralité de la Belgique : « Le général Brialmont, —dit-il, — qui a préparé le système de défense de la Meuse, de concert avec le roi Léopold, et qui, par conséquent, doit connaître et représenter, mieux que qui que ce soit, les idées de ce souverain, me disait l'an dernier, *et m'autorise à répéter aujourd'hui ce qui suit* : « Si la guerre venait à éclater avant que les nou-

____

(1) *Livre Jaune* de 1867 ; Protocole, n° 4.

veaux forts fussent terminés, il serait néanmoins du devoir de l'armée belge de *défendre à outrance* l'important nœud de communications de Liège, en s'appuyant sur les deux vieilles citadelles et sur des batteries provisoires. »

On ne peut qu'approuver un pareil langage. Et c'est précisément parce que les troupes de la défense mobile doivent être toujours prêtes à se porter là où se produirait une attaque imprévue, que l'État neutre est seulement obligé, vu surtout ses faibles ressources, de fortifier les points les plus exposés et les plus faibles. Ainsi, tandis que la voie ferrée de la Meuse est barrée à ses deux extrémités, c'est-à-dire par les forts de Namur vers la frontière française et par les forts de Liège vers l'Allemagne, le génie belge propose de ne barrer qu'à Saint-Trond la nouvelle ligne d'Hasselt à Charleroi, car cette ligne ne pourrait, en supposant une violation des traités, servir qu'à l'Allemagne. De même la ligne de Milan à Bâle n'est barrée, dans sa traversée de la Suisse, qu'au Saint-Gothard.

Cette obligation de barrer les voies ferrées internationales par des ouvrages militaires ne s'étend pas à celles qui sont établies de façon à ne pas faciliter une violation du territoire neutre. Ainsi il y avait jadis pour la Suisse un danger dans le fait que la voie ferrée de Constance à Kehl par la vallée du Rhin, ligne entièrement exploitée par l'État badois, empruntait sur quelques points de son parcours, notamment à Schaffouse et au Petit-Bâle, le territoire helvétique. L'Empire allemand l'a compris ; et, pour ne pas se priver d'une ligne dont l'importance stratégique est indéniable, il a établi une nouvelle voie ferrée qui contourne le territoire Suisse et ne se confond avec l'ancienne voie que là où celle-ci traversait le territoire badois.

La garantie ne dispense donc pas l'État perpétuellement neutre de se défendre, ni de prendre les précautions que doit prendre tout État en vue de sa défense. Elle l'oblige même à prévoir dans quel sens on pourrait avoir intérêt à traverser son territoire dans le cas d'une guerre entre les Puissances voisines.

Quant aux autres obligations des États neutres, il n'y a aucune raison de douter qu'elles soient applicables à l'État jouissant de la neutralité perpétuelle. Il sera donc tenu de laisser partir librement les miliciens des belligérants, de faire prisonniers ceux de leurs soldats qui se réfugieraient sur son territoire, et d'interdire chez lui l'enrôlement de volontaires pour les armées belligérantes. Sur ce dernier point la Suisse comprend ses obligations de la façon la plus large : non seulement les Constitutions fédérales de 1848 et de 1874 ont, dans leur article 11, aboli les capitulations militaires, mais même les décrets de l'Assemblée fédérale du 20 juin 1849 (1) et du 23 juillet 1855 (2) ont interdit en tout temps l'enrôlement individuel des Suisses pour le service militaire à l'étranger. La Belgique ne va pas aussi loin : elle permet, en temps de paix, aux Belges d'accepter des fonctions militaires à l'étranger, puisqu'elle a abrogé en 1865 dans son Code civil l'article correspondant à l'ar-

---

(1) *Recueil officiel des Lois fédérales*, I, 432.
(2) *Op. cit.*, V, 158.

ticle 21 de notre Code. Quant à l'internement des soldats des belligérants qui se réfugieraient en territoire neutre, nous avons vu la discussion qui a eu lieu à ce sujet entre M. de Bismarck et le Grand-Duché de Luxembourg ; on sait que la Suisse et la Belgique ont rempli en 1870 toutes leurs obligations à cet égard (1). En un mot, l'État perpétuellement neutre sera sujet, en cas de guerre, à toutes les obligations qui découlent de la neutralité temporaire, et qui s'appliquent, *a fortiori*, à la neutralité perpétuelle.

Nous avons vu qu'à ces obligations correspondent des droits. Ainsi à l'obligation spéciale de protéger sa neutralité dès le temps de paix correspond, pour l'État perpétuellement neutre, le droit d'appeler les garants à son aide en cas d'attaque. Le devoir de se défendre lui donne aussi le droit de s'allier, dans ce cas, à des Puissances non garantes. Il aura même le devoir d'essayer de contracter de telles alliances, car les garants, en lui promettant leur appui, ont voulu, non limiter son droit de légitime défense en cas d'attaque, mais lui montrer, au contraire, combien ils tenaient à ce que son indépendance, son intégrité et son inviolabilité fussent préservées.

Il reste maintenant à remarquer que les règles que nous venons de poser, au sujet des droits et des devoirs de l'État perpétuellement neutre en temps de guerre, ne sauraient, en vertu de l'article 3 du Traité de Londres, s'appliquer toutes au Luxembourg. Nous avons vu que cet article or-

----

(1) V. Calvo (III, 468-469), et les *Récits* du général Ambert.

donne la démolition de la forteresse, et la réduction de
l'armée Luxembourgeoise à une force suffisante pour assurer le maintien du bon ordre. Dès lors le Luxembourg
ne saurait être tenu ni de se défendre lui-même en cas
d'attaque, ni d'exercer sur ses frontières, dans le cas d'une
guerre entre ses voisins, une surveillance aussi exacte que
celle que l'on pourrait exiger de la Belgique ou de la
Suisse.

Cette dernière conséquence de l'article 3 fut, comme
nous l'avons raconté, méconnue par M. de Bismarck dans
la note qu'il adressa au Gouvernement Grand-Ducal le
3 décembre 1870. Mais les véritables principes ont été po-
sés sur ce point par M. Servais, qui, dans son étude sur
le Grand-Duché de Luxembourg et le traité de Londres,
s'exprime ainsi : « En l'état, on ne peut faire encourir
au Grand-Duché une responsabilité, s'il ne repousse pas
une attaque dirigée contre lui, puisqu'on lui a rendu la
chose impossible : ce qu'on peut exiger seulement, c'est
qu'il ne soit pas de connivence avec un agresseur, et que,
dans le cas d'une agression, il la dénonce et proteste ».

SECTION II

DROITS ET DEVOIRS DES GARANTS.

Tels sont les droits et les devoirs de l'État perpétuellement neutre. En les indiquant, nous avons par là même
exposé les droits et les devoirs des garants. Ceux-ci ont
été, du reste, fort bien résumés en quelques mots par

MM. Funck-Brentano et Sorel (1) : les garants, disent-ils,
« ne sauraient, sans méconnaître leurs engagements, abuser de leur force ou de leur influence pour entraîner l'État
neutre dans une politique qui aurait pour conséquence de
compromettre sa neutralité. Ils ne doivent entretenir avec
lui que les relations que comporte l'état de paix. Profi-
tant de la neutralité de cet État en temps de guerre, ils
doivent éviter en temps de paix tout ce qui pourrait en
altérer le principe ».

Rappelons ici la distinction, qui a été faite dans notre
première partie, entre la garantie restreinte donnée au
Congo et la garantie dont jouissent les autres États neutres : les garants de la neutralité du Congo ne sont pas
tenus de la faire respecter.

SECTION III

RAPPORTS DE L'ÉTAT NEUTRE ET DES ÉTATS NON GARANTS.

Nous avons vu qu'à l'exception du Congo les États neutres sont tenus d'observer leur neutralité même à l'égard
des États non garants. Cela tient à ce que les Puissances
garantes se sont engagées à les défendre contre les agres-
sions de tout autre État, et ont voulu, par suite, leur interdire d'abuser de cette protection pour provoquer des
Puissances non garantes et entraîner les garants dans la
lutte.

Les États non signataires bénéficient donc du traité de

______

(1) *Précis de Droit des gens*, p. 153-154.

neutralité. Mais cela ne veut pas dire qu'il résulte pour eux de ce traité une obligation quelconque, car un État n'est obligé que par les traités qu'il a signés (1). Seulement il ne faut pas oublier que la coutume, les usages reçus comptent au nombre des sources du Droit international. Les auteurs sont à peu près unanimes sur ce point (2). Un État tiers ne pourrait donc pas ne pas tenir compte d'une neutralité perpétuelle qui serait passée dans les usages internationaux.

Ainsi il est reconnu par tout le monde que la neutralité de la Belgique fait, à l'heure actuelle, partie du Droit public de l'Europe. Donc l'Espagne, bien qu'elle n'ait pas garanti la neutralité belge et qu'elle ne se soit même pas, comme la Hollande en 1839, engagée à la respecter, doit cependant avoir égard à cette neutralité. (3) En pratique, du reste, les États garants demeurés fidèles au traité de garantie seraient tenus de défendre la Belgique contre tout État qui l'attaquerait, que cet État fût un garant, un garant imparfait ou un tiers. Seulement ils ne pourraient pas reprocher au tiers d'avoir violé une convention, ils ne pourraient que l'accuser d'avoir méconnu le Droit public de l'Europe.

---

(1) Heffter, *Le Droit public de l'Europe*, § 7.

(2) V. Calvo (*Droit international*, I, p. 114 et s.), et les auteurs qu'il cite.

(3) On pourrait encore établir une distinction entre l'Espagne et l'Italie. Celle-ci, en effet, n'a pas garanti plus que l'Espagne la neutralité belge ; mais elle l'a *reconnue* en signant le traité du 11 mai 1867, dont l'article 2 rappelle, comme nous l'avons vu, que la Belgique est un État neutre.

Ajoutons que dans ce siècle l'usage s'est établi, tant par l'impuissance que par l'agrément tacite des Puissances secondaires, de faire parler en quelque sorte au nom de l'Europe les cinq grandes Puissances qui furent les principaux signataires de l'acte final de 1815, et qui signèrent seules le 15 novembre 1818 la convention d'Aix-la-Chapelle. A ces cinq Puissances vint s'ajouter, au congrès de 1856, le Royaume de Sardaigne, qui allait bientôt se transformer en Royaume d'Italie. On retrouve la signature de ces grandes Puissances au bas de tous les traités qui, de 1815 à 1878, ont modifié la carte de l'Europe ou le Droit public européen. C'est parce que les cinq grandes Puissances ont garanti, dès le début, la neutralité de la Belgique et de la Suisse, que le respect de cette neutralité est passé si vite au rang d'un principe de Droit international. Et c'est en vertu de cette théorie de la représentation de l'Europe par les grandes Puissances que le traité de 1867, signé après la formation de l'Italie, porte aussi la signature du plénipotentiaire italien.

En 1885 d'autres idées ont semblé prévaloir. Les Puissances secondaires d'Europe et les États-Unis d'Amérique ont pris part à la conférence de Berlin. Peut-être a-t-il paru excessif d'espérer que le Congo serait respecté par les États tiers alors que, comme nous l'avons vu, il ne s'engageait à rien vis-à-vis d'eux. Aussi s'est-on arrangé pour que toutes les Puissances voisines du Congo, ou qui étaient destinées à être en relations avec lui, vinssent reconnaître sa neutralité et s'engager à la respecter.

CHAPITRE IV

La neutralité perpétuelle étant forcément conventionnelle, ses destinées sont liées à celles du traité qui l'a
établie.

Or les causes générales d'extinction des traités s'ap-
pliqueront au traité de neutralité perpétuelle, en tant du
moins qu'elles ne seront pas contraires au caractère par-
ticulier de ce traité.

C'est ainsi que, le traité de neutralité perpétuelle étant
un traité permanent, c'est-à-dire un traité qui établit,
comme son nom l'indique, un état de choses pour toujours,
il ne saurait être question ici de l'*expiration du terme*
comme d'un mode d'extinction.

De même ce traité, établissant des obligations pour le
temps de guerre et pour le temps de paix, ne pourra être
ni suspendu, ni *a fortiori* rompu en cas de conflagration
européenne.

Ajoutons que le traité de neutralité perpétuelle, pas plus
que les autres traités, ne pourra jamais être abrogé par
désuétude. Toute la doctrine est d'accord pour refuser de
considérer la désuétude comme un mode d'extinction des

lois ou des contrats. Et, de tous les contrats internationaux, le traité de neutralité perpétuelle est celui pour lequel on pourrait le moins invoquer l'abrogation par désuétude, car nous avons vu qu'il impose, à toute époque, en
temps de guerre et en temps de paix, aux neutres comme
aux garants, des obligations en quelque sorte quotidiennes.
Ce n'est donc qu'après avoir commis une série de violations
du traité que l'un ou plusieurs de ses signataires pourraient
venir alléguer ici l'abrogation par désuétude. Par suite
c'est surtout en matière de neutralité perpétuelle que ce
mode d'extinction devra être repoussé.

On voit par là que les démarches faites en 1870 par
l'Angleterre dans l'intérêt de la neutralité belge avaient
un côté dangereux et auraient pu nuire à la cause qu'elles
prétendaient servir. En effet, au début de la guerre franco-
allemande, l'Angleterre, préoccupée des dangers que pouvait courir la neutralité de la Belgique, avait signé, le
9 août avec la Prusse et le 11 août avec la France (1),
deux traités par lesquels les belligérants s'engageaient à
respecter la neutralité de la Belgique. C'est là évidemment
une obligation que les deux Puissances ennemies, garantes de la neutralité belge, avaient, à l'égard même de
l'Angleterre, antérieurement aux traités de 1870. (On se
rappelle la promesse conditionnelle faite par la France à
la Belgique (2), avant de signer le traité du 11 août.) Or
les deux traités négociés par l'Angleterre auraient pu faire

____

(1) V. de Clercq.
(2) V. *suprà* l'extrait du discours de M. Thonissen.

croire que la neutralité belge a besoin d'être confirmée au début de toute conflagration européenne. Heureusement le préambule du traité du 11 août, que nous avons déjà cité, reconnaît officiellement que le traité franco-anglais d'août 1870 n'a d'autre but que d'assurer l'exécution du traité de 1839, qui a encore toute sa force et toute sa validité.

Quant à l'effet des révolutions sur la durée du traité de neutralité perpétuelle, nous avons déjà dit, au chapitre précédent, ce qu'il fallait en penser.

Il reste donc à examiner ce qu'il advient du traité de neutralité perpétuelle quand un des signataires a commis une infraction à l'une de ses clauses. Ici s'est élevée une vive controverse : mais il suffira, pour la résoudre, de bien se rappeler le caractère spécial de ce traité.

On est d'accord pour admettre que celui qui viole l'une des obligations qui lui sont imposées par un traité n'est plus fondé à invoquer à son profit l'une quelconque de ses clauses. A cet égard Calvo (1) est d'accord avec Heffter (2) et Bluntschli (3) : le traité est indivisible, et l'inexécution d'une de ses clauses entraîne la rupture du contrat tout entier. Nous avons déjà appliqué cette règle à l'interprétation de l'article 1ᵉʳ du traité de 1867, article relatif aux droits de la dynastie de Nassau sur le Luxembourg. A plus forte raison celui qui se soustrairait à tous les engagements

______

(1) *Op. cit.*, IV, p. 380.
(2) § 146.
(3) § 769 et s.

que lui imposait le traité délierait-il l'autre contractant de ses obligations.

C'est là la conséquence du caractère synallagmatique des traités de neutralisation. Mais cette rupture du traité aura-t-elle lieu *ipso facto*? l'autre contractant pourra-t-il se dire dégagé de plein droit?

En Droit international il ne saurait être question de faire prononcer la résolution du traité par des tribunaux, ni de leur demander, comme le permet l'article 1184 du Code civil, des dommages-intérêts pour l'inexécution du contrat. La convention intervenue *entre deux États* devra donc, en principe, être résolue de plein droit, quand l'un d'eux manque à ses engagements : c'est là la seule sanction possible. Mais lorsqu'il y a *plusieurs* États contractants, la résolution de plein droit sera-t-elle licite ?

Il faut remarquer qu'ici chaque signataire a contracté, non pas un, mais plusieurs engagements synallagmatiques. Dans le traité de neutralité perpétuelle, par exemple, le neutre s'oblige vis-à-vis de chaque garant, et chaque garant s'oblige et vis-à-vis du neutre et vis-à-vis de chacun de ses co-garants. Or, si une infraction commise par le neutre dégage vis-à-vis de lui les autres garants, comment dégagerait-elle les garants des obligations qu'ils ont contractées entre eux ? Supposons que la Suisse laisse, dans une guerre entre la France et l'Autriche, l'armée autrichienne passer par son territoire ; la France n'est plus tenue à aucun ménagement vis-à-vis de la Suisse et de l'Autriche, mais la promesse qu'elle a faite à la Russie de respecter la neutralité helvétique, promesse devenue sans doute à ce moment fort difficile à tenir, périt-elle de plein droit?

L'affirmative a été soutenue par différents auteurs et par plusieurs hommes d'État. Dans sa fameuse note adressée le 3 décembre 1870 au gouvernement de Luxembourg, M. de Bismarck déclarait que « le gouvernement allemand ne se croyait plus obligé de prendre en considération, dans les opérations des armées allemandes, la neutralité du Grand-Duché ».

Bluntschli est du même avis; il estime, sans faire de distinction en faveur des États dont la neutralité perpétuelle a été garantie, que « l'État neutre impuissant à défendre sa neutralité perd par le fait même sa qualité de neutre » (1).

M. Thonissen, dans son désir de faire voter par le Parlement belge le projet relatif aux fortifications de la Meuse, s'est recommandé, peut-être un peu imprudemment, de ce passage de Bluntschli. Il a fait remarquer que l'opinion de « l'illustre Bluntschli » était partagée par « de nombreux professeurs de Droit international ». Et nous avons vu que les promesses *conditionnelles* faites par la France et par l'Angleterre à la Belgique en 1870 viennent à l'appui de cette thèse.

Mais cette opinion, qui se comprendrait s'il n'y avait eu entre les garants et le neutre qu'une juxtaposition d'engagements bilatéraux et séparés, est contraire à la garantie

---

(1) § 769.

elle-même, c'est-à-dire à la multiplicité des engagements
que contracte chacun des signataires du traité de neutralité perpétuelle.

C'est ce que remarquait avec raison M. Servais, alors
ministre d'État du Luxembourg, dans sa réponse à la note
du 3 décembre : « Les termes du traité de 1867, disait-il,
assurent la neutralité du Grand-Duché sous la garantie des
puissances contractantes, parmi lesquelles se trouve la
Confédération de l'Allemagne du Nord. Une telle stipula-
tion n'aurait aucune portée si chacune des puissances qui
y ont adhéré pouvait cesser de reconnaître la neutralité et
procéder isolément ensuite, comme s'il s'agissait d'un État
dont la position n'aurait pas été réglée par une convention
internationale. La nécessité qu'un accord intervienne pour
toute action qui changerait les conditions de l'existence
du Grand-Duché me paraît donc évidente. »

Cette réponse fut communiquée, comme la note de M. de
Bismarck, aux autres signataires du traité de 1867. Or
l'Autriche et l'Angleterre, qui furent les seules à ne pas se
borner à un simple accusé de réception, se rangèrent à
l'interprétation de M. Servais. Elles firent remarquer que
la garantie n'avait plus aucun avantage, qu'elle cessait
d'être un gage de paix, si les conflits qui pouvaient s'élever entre l'État neutre et l'un des garants étaient laissés au
jugement unilatéral de ce dernier.

L'engagement qui lie les garants entre eux s'oppose, en
effet, à une résolution de plein droit. Il semble donc que
les autres signataires doivent, au moins dans l'esprit du

traité, remplir un rôle analogue à celui que l'article 1184 du Code civil confie aux tribunaux dans le cas de la résolution d'un contrat privé : sinon, la garantie n'aurait aucun but.

Cependant M. de Bismarck a répondu, non sans raison, à l'Autriche et à l'Angleterre que, si l'armée de Mac-Mahon, au moment où elle était refoulée vers Sedan, avait tenté de se dégager en passant par la Belgique et le Luxembourg, il aurait été impossible, l'armée belge d'alors ne pouvant pas l'arrêter, d'avertir les garants et *a fortiori* de mettre l'armée de l'un deux en mouvement avant que Mac-Mahon eût attaqué les Prussiens qui assiégeaient Metz. Dans ces circonstances, ajoutait M. de Bismarck, le général allemand aurait été obligé d'arrêter l'armée de Mac-Mahon en violant le territoire neutre ; aucun général anglais ou autrichien n'hésiterait dans un cas analogue.

Il est certain que, dans le droit de la guerre, il faut tenir compte de la nécessité, et que, notamment, le droit de légitime défense prime tout. Nous déciderons donc que, s'il a été commis une violation du traité de neutralité ne mettant pas en péril immédiat l'existence de l'un des signataires, l'État lésé devra d'abord s'adresser aux autres signataires du traité pour qu'ils en prononcent la résolution, ou pour qu'ils obligent le coupable soit à exécuter son obligation, soit à réparer le dommage causé. S'il s'agit, au contraire, d'une violation grave, comme par exemple si le territoire neutre livre passage à l'armée ennemie, alors la convention de neutralité sera résolue *ipso facto*.

M. de Bismarck a admis implicitement cette distinction
en 1870, car il a renoncé, en fait, à se prévaloir des faits
signalés par sa note du 3 décembre. Il a continué à respecter, malgré ses menaces, la neutralité luxembourgeoise,
et, dans sa réponse à l'Angleterre, il n'a réservé sa liberté
d'action que pour le cas où une armée française aurait tra-
versé le Grand-Duché.

On nous objectera que nous faisons encore trop de part
à l'arbitraire du belligérant, qui sera seul juge du point
de savoir quand son existence est en péril. Nous répon-
drons que le belligérant sera généralement retenu, quoi-
qu'on dise, par la crainte de s'attirer, au cours d'une guerre,
de nouvelles inimitiés. L'État souverain est forcément et
toujours libre d'abuser de ses droits : la seule et suffisante
sanction de la violation d'un traité est dans les inimitiés
qu'elle peut attirer au coupable et dans la perte de la confiance ou de l'amitié que celui-ci inspirait aux autres États.

On pourrait opposer aussi à notre distinction une objection tirée de l'article 10 de l'acte final du Congo. Par cet
article les États signataires s'engagent à respecter la neutralité des Puissances de la région du Congo, qui demande-
ront à être neutralisées, « aussi longtemps que ces Puissances rempliront les devoirs que la neutralité comporte ».

Cet article, pris isolément, paraît autoriser la résolution
de plein droit dans tous les cas, mais il doit être rapproché
de l'article 12 du même acte, qui impose, au contraire,
formellement l'obligation de recourir, en cas de conflit, à
la médiation de puissances amies.

Rappelons enfin que les auteurs qui admettent, avec Calvo, Funck-Brentano et Sorel, l'existence de deux garanties, l'une simple et l'autre collective, soutiennent que le recours à la conférence est toujours obligatoire dans le second cas et qu'il ne l'est jamais dans le premier. Nous pourrions opposer maintenant de nouveaux arguments à cette théorie ; mais nous croyons l'avoir suffisamment réfutée dans notre première partie.

TROISIÈME PARTIE

APPLICATION DE LA NEUTRALITÉ
PERPÉTUELLE AUX FRACTIONS D'ÉTATS

Nous arrivons maintenant à l'application du principe
de la neutralité perpétuelle aux territoires qui ne constituent que des fractions d'État. Nous suivrons la même division que dans l'étude précédente, sauf qu'il n'y aura pas
lieu de revenir sur les modes d'extinction du traité de neutralité. Nous verrons donc simplement quels sont les territoires neutres, comment leur neutralité s'est établie, et
quels effets cette neutralité doit produire.

CHAPITRE PREMIER

La neutralité perpétuelle locale apparaît dans l'histoire diplomatique en même temps que la neutralité perpétuelle des États. C'est en effet au Congrès de 1815, qui neutralisa la République de Cracovie et la Confédération suisse, que l'on doit aussi la neutralisation partielle du royaume de Sardaigne, c'est-à-dire la neutralisation de la Savoie septentrionale.

Les exemples de provinces neutres ne sont, d'ailleurs, pas nombreux. Nous verrons que, depuis la neutralisation de la Savoie du Nord, on n'a plus neutralisé que les Iles Ioniennes ; et encore cette dernière neutralité a-t-elle été réduite presque aussitôt à l'Ile de Carfou. Étudions successivement ces deux exemples de provinces neutres.

Neutralité de la Savoie.

I. — Nous avons vu que le Congrès de Vienne avait tenu à éloigner la France de ses limites naturelles : à la constitution du royaume des Pays-Bas était donc venue s'ajouter la restitution d'une partie de la Savoie au royaume de Sardaigne. Mais les diplomates sardes trouvèrent que ce n'était pas là une précaution suffisante contre un retour possible des Français en Italie ; et, sur leur demande, le Congrès neutralisa le nord de la Savoie sarde.

L'article 92 de l'acte final est ainsi conçu :

« Les provinces de Chablais et de Faucigny, et tout le territoire de la Savoie au nord d'Ugine, appartenant à Sa Majesté le Roi de Sardaigne, feront partie de la neutralité de la Suisse, telle qu'elle est reconnue et garantie par les Puissances.

« En conséquence, toutes les fois que les Puissances voisines de la Suisse se trouveront en état d'hostilité ouverte ou imminente, les troupes de S. M. le Roi de Sardaigne qui pourraient se trouver dans ces provinces se retireront, et pourront, à cet effet, passer par le Valais, si cela devient nécessaire. Aucunes autres troupes armées d'aucune autre Puissance ne pourront traverser ni stationner dans les provinces et territoires susdits, sauf celles que la Confédération suisse jugerait à propos d'y placer. Bien entendu que cet état de choses ne gêne en rien l'administration de ces pays, où les agents civils de S. M. le Roi de Sardaigne pourront employer la garde municipale pour le maintien du bon ordre. »

Quelles étaient les limites du territoire ainsi neutralisé ? Le traité de Paris du 30 mai 1814 avait ramené la France à ses limites du 1er janvier 1792, en lui laissant toutefois quelques petits territoires situés au delà de cette frontière. C'est ainsi que la Savoie, réunie à la France par la première République, ne fut pas restituée en entier au Roi de Sardaigne. L'article 3 du traité de 1814 la partagea entre la France et ce monarque.

Pour bien comprendre ce partage, il faut se rappeler que la Savoie, après avoir formé sous la République un seul département, celui de Mont-Blanc, avait été répartie par le premier Empire entre le département du Mont-Blanc et celui du Léman. Napoléon Ier avait distrait du Mont-Blanc le Chablais, le Faucigny et une partie du Genevois (c'est-à-dire les arrondissements actuels de Thonon et de Bonneville et une partie de celui de St-Julien), et, en les réunissant au territoire de l'ancienne République de Genève, il en avait formé le département du Léman. Le reste de la Savoie continuait à former le département du Mont-Blanc avec Chambéry pour chef-lieu et Annecy comme ville principale.

Or l'article 3 du traité de 1814 s'exprime ainsi :

« La France reprend ses limites du 1er janvier 1792, sauf les modifications suivantes :

..... 8° Dans le département du Mont-Blanc la France acquiert la sous-préfecture de Chambéry (excepté les cantons de l'Hopital, la Rochette, St-Pierre d'Albigny, Montmélian), et la sous-préfecture d'Annecy (sauf la partie du canton de Faverges située à l'Est d'une ligne qui passe entre Ourechaise et Marlens du côté de la France, et Ugine et Marthod de l'autre) » (1).

Et l'acte final du 9 juin 1815 adopte le tracé de la fron-

____

(1) V. la carte annexée au 2e vol. de l'ouvrage d'Angeberg (*Le Congrès de Vienne*).

tière française, tel qu'il a été fait par le traité du 30 mai 1814.

Ainsi l'acte final, en ramenant la France à sa frontière de 1792, rend la ville de Genève à elle-même et le Léman savoisien (Chablais, Faucigny, etc.) au Roi de Sardaigne. La France garde dans l'ex-département du Mont-Blanc un territoire comprenant la plus grande partie des arrondissements actuels de Chambéry et d'Annecy, avec ces deux villes, et partie de l'arrondissement actuel de St-Julien ; tout le reste de la Savoie est redevenu sarde.

L'article 92 du même acte final, déclarant ne neutraliser que le Chablais, le Faucigny, et *le territoire de la Savoie au Nord d'Ugine appartenant à Sa Majesté le Roi de Sardaigne*, ne neutralise, par conséquent, en dehors du Chablais (Thonon) et du Faucigny (Bonneville), que les quelques villages situés au nord d'Ugine et à l'est de la frontière française. Le reste de la Savoie sarde et *toute la Savoie française* échappent à la neutralisation.

Mais après la bataille de Waterloo les alliés imposèrent à la France des conditions plus dures ; et le second traité de Paris (20 nov. 1815) déclara que la limite aux Alpes serait celle du 1er janvier 1790, restituant ainsi toute la Savoie au roi de Sardaigne.

La diplomatie sarde ne se montrait qu'à moitié satisfaite de ce succès, car le territoire de Chambéry et d'Annecy, qu'elle recouvrait de la sorte, n'était l'objet d'aucune garantie spéciale et n'était séparé de la France que par le Rhône. Les alliés s'empressèrent de calmer ses nouvelles appréhensions ; et, le jour même de la signature du second traité de Paris, les plénipotentiaires des cinq grandes Puissances et du Portugal arrêtèrent la déclaration suivante (1) :

« La neutralité de la Suisse sera étendue au territoire qui se trouve au nord d'une ligne à tirer depuis Ugine (*y compris cette ville) au midi du Lac d'Annecy, et de là au Lac du Bourget jusqu'au Rhône* ».

Il y avait dans cette déclaration quelque chose de vague ; la Sardaigne et le général commandant le corps d'occupation autrichien en Savoie s'arrogèrent le droit de préciser le tracé de la limite de la Savoie neutre entre Ugine et le Lac du Bourget. Et un acte, dressé à Chambéry le 15 décembre 1815 (2), établit que cette limite, après avoir passé au sud d'Ugine, irait au Lac du Bourget « par Faverges et Lescheraines ».

Ainsi la partie nord du territoire savoisien reconquis par la Sardaigne en 1815 est neutralisée, comme l'était déjà la partie septentrionale de la Savoie sarde. Annecy, qui est resté soumis au Droit commun tant qu'il a été français, est neutralisé à son tour dès qu'il redevient sarde. Cette délimitation de la Savoie neutre fut la dernière : le territoire neutralisé comprendrait donc aujourd'hui, si l'acte du 15 décembre pouvait nous obliger, la Haute-Savoie toute entière et une petite partie du département de la Savoie.

II. — De 1815 à 1859, grâce au calme parfait dont jouit l'Europe occidentale, la Savoie neutre n'eut pas d'histoire.

____

(1) De Clercq, II, 682.
(2) De Clercq, II, 691.

Mais, dès que la Sardaigne se fut décidée à faire appel à
la France contre l'Autriche, l'attention fut attirée sur les
conséquences de l'article 92 de l'acte final de Vienne.

Le gouvernement helvétique, considérant la neutralité
de la Savoie comme établie en faveur de la Suisse, envoya
le 14 avril 1859 une note au gouvernement de Turin (1)
pour le prévenir que, si les circonstances l'exigeaient, la
Suisse userait de son droit d'occuper la Savoie neutre. La
note proposait, en outre, la réunion d'une conférence, où
des délégués des deux États régleraient les questions de
détail que cette occupation pourrait soulever. Le comte de
Cavour répondit, à la date du 18 (1), en reconnaissant le
droit d'occupation de la Suisse, et en acceptant la réunion
de la conférence. Il ajoutait, toutefois, que, les questions
relatives à la portée de l'article 92 étant ainsi réservées aux
délégués, « il croyait inutile de préciser immédiatement
l'interprétation exacte qui, à son avis, ressortait des stipulations de Vienne. »

Quelques jours après la France et la Sardaigne décla-
raient la guerre à l'Autriche. On a vu que la zone neutre de la Savoie n'avait jamais été délimitée d'une façon
précise : or la question de l'étendue du territoire neutre fut immédiatement soulevée par les mouvements
des troupes françaises. Tandis que la plupart de ces troupes se rendaient en Piémont par la voie de mer ou par
les routes qui vont de Grenoble aux Alpes, la division Bouat

---

(1) Cesena, *L'Italie confédérée*, I, p. 185.

se concentrait à Culoz et gagnait de là Chambéry par le chemin de fer qui est aujourd'hui prolongé jusqu'au Mont Cenis et à Turin.

L'Angleterre réclama aussitôt contre le passage de la division Bouat par le chemin de fer de Culoz, en se basant sur ce que cette voie ferrée se trouve comprise dans la zone neutre depuis Culoz jusqu'à un point situé vers Aix-les-Bains.

La théorie anglaise fut également soutenue dans un article de la *Correspondance autrichienne*, organe officieux viennois, qui accusa les Suisses d'avoir violé leur neutralité en ne s'opposant pas au passage de la division Bouat.

Cet article de la *Correspondance autrichienne* soulève les deux questions suivantes : 1° le chemin de fer de Paris à Modane traverse-t-il la zone neutre dans la section Culoz-Aix-les-Bains ? 2° La Suisse est-elle *obligée* d'exercer son *droit* d'occupation ?

Sur le premier point il faut remarquer que la déclaration du 20 novembre 1815, signée par toutes les Puissances signataires du traité de Paris, fixe la limite de la Savoie neutre d'une façon assez vague : c'est une ligne qui va « d'Ugine au midi du Lac d'Annecy et de là au Lac du Bourget jusqu'au Rhône ». L'acte du 15 décembre suivant qui étend encore la zone neutre en menant la ligne d'Ugine au Lac du Bourget par Faverges et Les Cheraines n'est qu'un *cartel* passé entre le général du corps autrichien d'occupation et l'administration sarde. Les Puissances ne l'ont jamais ratifié.

Il faut donc s'en tenir à la déclaration du 20 novembre, et l'on pourrait, dans le doute, mener la limite du Lac d'Annecy au Lac du Bourget en la faisant passer aussi au nord que possible. Il est impossible, toutefois, de la faire aboutir au Rhône au nord de Culoz, car alors on ne tiendrait pas compte des mots « au Lac du Bourget ». Mais nous verrons plus loin que la situation de ces quelques kilomètres de voie ferrée sur le territoire neutralisé n'a aucune importance, la France pouvant se servir, au cas où elle serait attaquée, de tous les chemins de fer situés dans la zone neutre.

D'ailleurs ni l'Angleterre ni l'Autriche ne donnèrent suite à leur réclamation, et la Suisse se désintéressa entièrement de la question du chemin de fer de Culoz.

L'opinion publique helvétique estimait, en effet, que l'occupation, si elle devenait nécessaire, devait être limitée au Chablais et au territoire voisin de Genève. Les Suisses considéraient, en d'autres termes, leur droit d'occupation comme *facultatif*. C'est ce que déclara le Conseil fédéral, dans son message du 29 avril 1859, répondant ainsi à la deuxième question soulevée par la note officieuse de la *Correspondance autrichienne.*

« Après avoir examiné, — disait ce message, — aussi bien la lettre que l'historique des documents qui se rapportent aux stipulations de Vienne, nous sommes arrivés à la conclusion que l'occupation de la Savoie neutre ne doit être considérée par la Suisse que *comme un droit et non point comme une obligation, et qu'elle doit faire usage de ce droit autant qu'il est nécessaire* pour la défense et la sauvegarde de l'intégrité de son territoire et de sa neutralité ».

Cette théorie du Conseil fédéral est conforme au texte de l'article 92, où il est question des troupes que la Suisse « *jugerait à propos* » de placer en Savoie.

Ainsi la Suisse admettait, dès 1859, qu'elle n'était pas obligée d'user de son droit d'occupation, et elle reconnaissait, en outre, implicitement, dans sa note du 14 avril au gouvernement de Turin, que son occupation de la Savoie devait être précédée d'une entente avec le gouvernement piémontais. C'était presque admettre que la neutralité de la Savoie avait été établie, non au profit de la Suisse, mais en faveur de la Sardaigne, et que celle-ci restait maîtresse de voir à quel moment il serait nécessaire d'appeler les troupes suisses. C'est là, en effet, la théorie que la Sardaigne soutiendra en 1860, comme nous le verrons tout à l'heure. Mais, sans anticiper sur la solution de cette nouvelle controverse, il était important de faire remarquer la portée déjà restreinte que la Suisse attribuait, avant les événements de 1860, à l'article 92 de l'acte final de Vienne.

III. — Le silence se faisait de nouveau sur la question de la Savoie neutre, lorsque, par le traité du 24 mars 1860, le roi Victor-Emmanuel céda la Savoie et le Comté de Nice à la France. La Suisse protesta aussitôt contre la cession de la zone neutre, en la déclarant contraire aux traités de 1815. Il en résulta un échange de notes entre la France et les Puissances garantes de l'acte final de

Vienne (1), lesquelles reconnurent toutes, à l'exception de
l'Angleterre, que le traité de 1860 n'avait rien de contraire
aux actes de 1815.

En effet l'article 2 du traité du 24 mars 1860 est ainsi
conçu : « Il est entendu que Sa Majesté le Roi de Sardaigne ne peut transférer les parties neutralisées de la Suisse
qu'aux conditions auxquelles il les possède lui-même, et
qu'il appartiendra à Sa Majesté l'Empereur des Français de
s'entendre à ce sujet, tant avec les puissances représentées
au Congrès de Vienne, qu'avec la Confédération helvétique, et de leur donner les garanties qui résultent des stipulations rappelées dans le présent article. »

Ainsi le traité de 1860 obligeait l'empereur des Français
à consulter les puissances qui, en garantissant la neutralité de la Savoie, avaient, par cela même, garanti la possession de cette province à la Sardaigne. Il plaçait, en
outre, l'empereur des Français dans la situation, où se
trouvait, par rapport à la Savoie, le roi de Piémont, qui,
d'ailleurs, consentait à la cession. Tout argument de la
Suisse contre la légalité de la cession devait donc tomber,
d'autant plus que toutes les Puissances, sauf une, avaient
dû reconnaître la légalité des stipulations franco-sardes.
Ajoutons que l'hésitation de l'Angleterre, qui a, depuis,
reconnu en fait l'annexion, n'était basée que sur des considérations politiques spéciales et non sur l'interprétation
des textes.

---

(1) Calvo, III, p. 447.

La Suisse prit donc son parti de la cession de la Savoie. Mais elle maintient que la Savoie septentrionale gardait, sous la domination française, son caractère de zone neutre et que le droit d'occupation de la Suisse subsistait. Cette prétention a été combattue par divers auteurs, qui ont été jusqu'à soutenir que les changements survenus en 1860 avaient fait disparaître la neutralité de la Savoie et le droit d'occupation (1).

La question reste donc ouverte. Comment faut-il la résoudre ? Du côté des Suisses on allègue que la neutralité de la Savoie a été établie pour écarter les armées étrangères du Léman et pour donner une sécurité de plus à la Suisse. La Savoie serait donc grevée, au profit de la Suisse, d'une véritable servitude, devant toujours peser sur cette province, quel que soit son possesseur. Cette opinion est appuyée par Bluntschli, qui déclare que « le droit de la Suisse de défendre et d'occuper, en cas de guerre, la Savoie existe encore, bien qu'il ait, depuis 1860, une portée toute différente » (2). En effet les Suisses auraient aujourd'hui, en cas de guerre entre la France et l'Italie, à défendre la Savoie contre une invasion italienne, tandis qu'avant 1860 ils auraient eu à protéger la Savoie contre l'invasion des Français. — On invoque, en second lieu, l'article 2 du traité de 1860, qui substitue l'empereur des Français aux obligations du roi de Sardaigne.

Il nous semble ne pas avoir affaibli l'argumentation des

---

(1) Cf. Milovanovics (*Les traités de garantie*).
(2) N° 746.

partisans de la persistance de la neutralité de la Savoie et du droit d'occupation de la Suisse. Examinons en détail leurs deux arguments principaux.

La neutralité de la Savoie, nous dit-on, a été établie en faveur de la Suisse. Eh bien ! tous les travaux préparatoires de l'acte final de Vienne, tous les actes signés en 1815 protestent contre cette prétention, et montrent que la neutralité de la Savoie a été établie en faveur de la Sardaigne.

Nous avons vu, en effet, que le traité de Paris de 1814 ne neutralisait aucune partie de la Savoie, pas plus dans la région sarde que dans la région française. C'est seulement au Congrès de Vienne que la neutralisation d'une partie de la Savoie *sarde* fut sollicitée *par la Sardaigne*. Les plénipotentiaires des quatre grandes Puissances alliées contre la France avaient demandé au roi de Sardaigne de céder quelques lieues carrées de territoire à la République de Genève, qui allait être réunie à la Suisse. Le roi de Sardaigne consentit à la cession de Carouge et des communes voisines ; mais, fidèle à la politique qui a si bien servi sa maison, il entendit ne céder cette faible partie de ses domaines que pour acquérir des avantages bien autrement importants.

Le marquis de Saint-Marsan, son plénipotentiaire, demanda donc, dans sa note du 26 mars 1815 (1) :

1° Que le Chablais, le Faucigny et le territoire de la Savoie sarde au nord d'Ugine fussent neutralisés ;

____

(1) Cesena, *op. cit.*, I, p. 185 et s.

2° Que les marchandises provenant des États sardes et prenant la route du Simplon et du Valais fussent exemptes de toutes taxes ;

3° Que les fiefs impériaux de la Ligurie fussent réunis aux États sardes.

Le Congrès fit droit à ces demandes dans sa séance du 29 mars, moyennant quoi le roi de Sardaigne mît le territoire de Carouge à la disposition des puissances. Le protocole du 29 mars stipula, en outre, divers privilèges en faveur des catholiques de Carouge qui devenaient sujets de Genève. On a vu que la neutralité du Chablais et du Faucigny a été inscrite dans l'article 92 de l'acte final de Vienne; la franchise de la route du Simplon fait l'objet de l'article 80 ; et la réunion des fiefs impériaux est consacrée par l'article 89. Enfin l'article 91, qui contient la cession faite à Genève, décide que les privilèges accordés aux catholiques de Carouge seront considérés comme inscrits dans l'acte final.

Ainsi les négociations sont conduites en dehors de la Suisse qui ne vient qu'au dernier moment ratifier la cession faite à Genève. Et la neutralisation du Chablais et du Faucigny est demandée par le roi de Sardaigne, qui est le premier à soulever cette question (1), comme une des nombreuses récompenses dues à la la bonne volonté dont il a fait preuve.

____

(1) Déjà en 1703 le duc de Savoie avait demandé que ses possessions à l'ouest des Alpes fussent considérées comme neutres pendant la guerre de la succession d'Espagne (V. le *Constitutionnel* du 27 mars 1860).

Cette neutralisation est si bien considérée comme une faveur faite *à la Sardaigne,* et non à la Suisse, que la Sardaigne obtient le droit de faire retirer ses troupes en cas de guerre par le territoire suisse (art. 92), et qu'elle conserve, d'ailleurs, le droit de fortifier la Savoie neutre (art. 90).

Du reste, si c'était la Suisse, et non la Sardaigne, que les négociateurs de 1815 avaient voulu protéger contre la France en écrivant l'article 92, ils auraient aussi neutralisé le pays de Gex, par lequel Genève est bien plus facilement abordable, pour les troupes françaises, que par la Savoie (1).

Il n'y a donc pas eu établissement d'une servitude suivant le territoire grevé entre les mains de tous ses possesseurs. Il y a eu simplement une faveur accordée au roi de Sardaigne.

Ce qui achève de démontrer notre proposition, c'est que l'acte final ne neutralise pas la Savoie française (2) ; Annecy ne sera neutralisé que le 20 novembre 1815, lorsqu'il sera devenu sarde. Et, chose remarquable, cette nouvelle neutralisation aura lieu également, comme nous l'avons

______

(1) C'est ce que fit remarquer en 1860 M. Thouvenel (V. le *Secret de l'Empereur*, t. I).

(2) La théorie d'après laquelle les négociateurs de 1815 se seraient préoccupés de donner de bonnes frontières militaires à la Suisse ne mérite même pas d'être réfutée : il suffit de considérer le tracé de la frontière suisse à Bâle, à Schaffouse, et dans le Tessin, pour en faire justice !

vu, sans l'intervention de la Suisse, *à qui elle ne sera communiquée qu'en* 1816 (1).

On voit que le roi de Sardaigne a toujours été l'instigateur de la neutralisation de la Savoie. La seule servitude établie par l'article 92 est la servitude de passage imposée au canton du Valais.

On pourrait donc soutenir que le roi de Sardaigne a pu valablement renoncer à la faveur que le Congrès de Vienne lui avait accordée, et l'on pourrait considérer la situation spéciale faite à la Savoie du Nord comme ayant pris fin en 1860, si l'article 2 du traité du 24 mars n'avait déclaré placer l'empereur des Français, par rapport à la Savoie neutre, dans la situation où s'était trouvé le roi de Sardaigne.

Voyons donc à quoi nous oblige l'article 2, ou plutôt rappelons les obligations que les traités de 1815, visés par cet article, imposaient à notre auteur, le roi de Sardaigne.

De l'aveu des Suisses eux-mêmes (2), l'article 92 ne l'obligeait pas à évacuer la Savoie neutre en cas de guerre : la Suisse n'avait qu'un *droit facultatif*, dont elle n'entendait user qu'*après entente* avec lui et *dans les limites qu'elle aurait jugées nécessaires*. Dès lors le roi de Sardaigne n'était nullement obligé de retirer ses troupes avant que la Suisse eût pris une décision et que l'entente se fût produite : autrement la Savoie serait restée dégarnie. Mais ce n'est pas tout : la Suisse ne pouvait user de ce droit res-

____

(1) Traité de Turin du 14 mars 1816.
(2) V. *suprà* le message du 29 avril 1859.

treint que si les troupes sardes tenant garnison dans la Savoie neutre gardaient le droit de se retirer par le territoire suisse (art. 92). La Suisse est-elle disposée aujourd'hui à désigner aux garnisons françaises de Thonon et d'Annecy une ligne de retraite nouvelle par son territoire? On ne peut pas songer sérieusement à les faire se replier sur le gros de l'armée française par le Valais!

En résumé les traités de 1815 avaient donné au roi de Sardaigne le droit d'appeler les Suisses à son secours et de faire retirer ses troupes par leur territoire, tandis que la France, héritière en Savoie de la Sardaigne, n'aurait, au dire des Suisses, le droit de faire aucun mouvement militaire dans le pays, ne pourrait y appeler aucun allié, et serait réduite, en cas de guerre, à faire dépendre de leur bon plaisir la sécurité des garnisons qu'elle y entretient et qui ne pourraient se retirer que par le territoire français. Le roi de Sardaigne n'avait guère que des droits : ses héritiers n'auraient plus que des devoirs. C'est là ce que les publicistes de Genève appellent nous avoir substitués au roi de Sardaigne !

Nous sommes prêts à admettre, en présence du texte de l'article 2, que le privilège de neutralité accordé au Roi de Sardaigne a été maintenu en faveur de la France en 1860. Mais, comme nul n'est obligé d'user d'une faveur, et que c'est bien en faveur de notre auteur que la neutralité de la Savoie a été établie, il dépendra de la France d'appeler les Suisses à son secours en Savoie ; et elle aurait même le droit d'ouvrir des négociations avec eux pour faire retirer, le cas échéant, par Genève, par exemple, ses garnisons de Thonon et d'Annecy. En même temps, la France, étant substituée à la Sardaigne, jouira, à l'égard de ses possessions de la Savoie septentrionale, de la garantie européenne dont jouissait la Sardaigne. Ajoutons qu'en temps de paix la France aura, comme la Sardaigne, le droit d'élever des forts (art. 90) et de placer des garnisons en Savoie (art. 92), sans compter le droit d'y faire des manœuvres militaires, droit qui appartient à tous les États et qu'aucun texte n'enlevait, ni en Savoie ni ailleurs, au souverain de la Sardaigne.

Voilà, à notre avis, ce qu'il faut penser de la neutralité de la Savoie et de ses effets actuels. Elle ne saurait donc gêner en rien ni les mouvements de nos troupes dans les Alpes, ni la mobilisation des régiments territoriaux ou actifs qui ont leur dépôt à Annecy (1).

IV. — Il reste maintenant à raconter en deux mots les discussions auxquelles cette question a donné lieu depuis 1860. Lors de la guerre de 1870, le Conseil fédéral a de nouveau manifesté sa résolution d'occuper éventuellement la Savoie neutre, ajoutant qu'il ne ferait rien sans une en-

---

(1) M. le baron d'Avril a soutenu (*Revue du monde Latin*, V. *infrà*) que la Savoie septentrionale était, non pas un territoire *neutralisé*, mais un territoire *neutralisable*. Étant donné les droits que nous reconnaissons, au point de vue militaire, à un État, même dans ses territoires neutres, nous ne voyons pas d'inconvénient à reconnaître dans la Savoie du nord un territoire *neutralisé*, sous la réserve des explications qui précèdent et qui nous amènent en pratique aux mêmes conclusions que le baron d'Avril.

tente préalable avec le gouvernement français (1). Le duc
de Grammont s'est borné à rappeler, dans sa réponse, les
discussions auxquelles la neutralité de la Savoie avait déjà
donné lieu, et à prendre acte de la promesse du gouvernement suisse de ne rien faire sans une entente préalable
avec la France (2). La Suisse s'est bornée, d'ailleurs, à cette
manifestation ; et l'Allemagne n'a pas réclamé contre les
mouvements de troupes françaises qui ont eu lieu en
Savoie.

Enfin en 1883 le gouvernement Suisse a protesté contre
des travaux de fortification entrepris par la France dans la
zone neutre (au Mont-Vuache). Cette fois la Suisse dépas-
sait toute mesure et allait directement à l'encontre du texte
de l'article 90 (3). La question a été encore agitée dans les
journaux de Genève en 1887. Ainsi la Suisse paraît accen-
tuer ses revendications, au lieu d'y renoncer : il est permis d'espérer cependant que, puisqu'elle croit devoir,
malgré la garantie donnée par l'Europe à sa neutralité, fortifier le Saint-Gothard, elle finira par trouver naturel que
la France use également des droits que lui ont reconnu les
traités dans la Savoie neutre.

Nous avons laissé de côté, dans cette discussion, l'un
des principes fondamentaux de la neutralité perpétuelle,
pour ne nous en tenir qu'au texte de l'article 92. En effet

---

(1) Note du 18 juillet 1870.

(2) *Arch. Diplom.* 1871, p. 262.

(3) V. sur l'incident de 1883 et les explications qui eurent lieu
entre la Suisse et la France les articles publiés par le baron
d'Avril dans la *Revue du Monde Latin* (octobre 1886 et juillet 1890).

ce texte, revêtu de la garantie européenne et placé dans le traité même qui consacre la neutralité helvétique, doit faire loi. Mais il n'en est pas moins vrai qu'il consacre une dérogation aux principes, en donnant à la Suisse, État perpétuellement neutre, le droit de concourir à la défense d'un pays voisin et de prendre part à d'autres opérations militaires que celles nécessitées par la défense de son territoire. La Suisse pourrait se fonder là-dessus pour demander l'abrogation d'un texte auquel elle affecte de tenir beaucoup, mais qui pourrait, le cas échéant, et en admettant que la France fît appel à ses troupes, lui imposer des obligations bien lourdes pour les forces militaires helvétiques (1).

Neutralité de Corfou.

La neutralité de Corfou remonte à 1863, c'est-à-dire à l'époque de la réunion des îles Ioniennes à la Grèce. On sait qu'en 1863, le trône de Grèce étant vacant, l'Angleterre mit tout en œuvre pour empêcher l'élection du candidat de la Russie. L'Angleterre exerçait alors son protectorat sur les îles Ioniennes, et tenait garnison à Corfou, dont les fortifications étaient formidables pour l'époque. La diplomatie anglaise flatta les Grecs par la promesse de la cession des îles Ioniennes, et fit ainsi élire un prince danois, le roi actuel. Il s'agit alors pour les Anglais de tenir leur promesse, sans donner ombrage à la Turquie qui n'au-

____

(1) Geffken, dans ses notes sur *Heffter* (p. 336), dit que la prétention de la Suisse est fondée, mais difficile à mettre en pratique.

rait pas vu avec satisfaction les forts de Corfou entre les mains des Grecs, et en évitant de laisser cette importante position stratégique passer dans la sphère d'influence d'une grande puissance rivale de l'Angleterre.

Une conférence se réunit donc à Londres, et décida que les îles Ioniennes seraient annexées à la Grèce, mais qu'elles seraient neutralisées et que les fortifications de Corfou seraient rasées.

Le traité du 14 novembre 1863 (1), signé entre la France, l'Autriche, l'Angleterre, la Prusse et la Russie, s'exprime ainsi, dans son article 2 :

« Les îles Ioniennes, après leur union au royaume de Grèce, jouiront des avantages d'une neutralité perpétuelle ; et, en conséquence, aucune force armée, navale ou militaire, ne pourra jamais être réunie ou stationnée sur le territoire ou dans les eaux de ces îles, au-delà du nombre strictement nécessaire pour maintenir l'ordre public et assurer la perception des revenus de l'État. Les hautes parties contractantes s'engagent *à respecter* le principe de neutralité stipulé par le présent article ».

On voit que les Puissances signataires s'engagent simplement à respecter la neutralité des îles Ioniennes ; il y a ici une garantie restreinte analogue à celle qui fut donnée plus tard au Congo. Au contraire la garantie donnée à la neutralité de la Savoie est aussi complète que celle qui a été donnée à la neutralité helvétique (art. 92 de l'acte final).

------

(1) De Clercq, VIII, 614.

L'article 3 du traité du 14 novembre ajoute : « Comme conséquence de cette neutralité, les fortifications construites dans l'île de Corfou et dans ses dépendances immédiates, *étant désormais sans objet* (1), devront être démolies avant la retraite des troupes anglaises ».

Ici, contrairement à ce qui a été décidé en 1815 pour la Savoie, il y a interdiction de fortifier. Nous verrons ce qu'il faut penser de cette servitude imposée à l'île de Corfou.

Disons tout de suite que les populations des îles Ioniennes, ne se méprenant pas sur les sentiments qui avaient inspiré l'Angleterre, protestèrent contre une neutralisation qui leur interdisait de prendre une part active aux futures luttes pour la délivrance des Hellènes non encore émancipés.

Cependant les cinq grandes Puissances, signataires du traité de 1863, avaient, par l'article 6 de ce traité, délégué leurs pouvoirs à celles d'entre elles qui avaient garanti en 1832 l'indépendance de la Grèce. L'article 6 est, en effet, ainsi conçu : « Les cours de France, de Grande-Bretagne et de Russie, en leur qualité de Puissances garantes du royaume de Grèce, se réservent de conclure un traité avec le gouvernement hellénique sur les arrangements que pourra nécessiter la réunion des îles Ioniennes à la Grèce ».

Les plénipotentiaires de ces trois cours se réunirent

____

(1) Il y a ici la même erreur que dans le traité de 1867 relatif au Luxembourg.

donc en conférence à Londres, et décidèrent qu'il y avait lieu de tenir compte des protestations des habitants des îles Ioniennes. Le Protocole du 25 janvier 1864 (1) déclara : 1° qu'il n'y avait pas lieu d'insister sur la limitation des forces navales et militaires ; 2° que la neutralité s'appliquerait seulement à Corfou, à Paxo et à leurs dépendances.

Un traité conforme fut signé le 29 mars 1864 (2) entre les trois Puissances représentées à Londres et la Grèce.

La neutralité des îles Ioniennes, ainsi réduite à l'île de Corfou et aux petites îles voisines, n'a donné lieu depuis cette époque à aucune contestation. La neutralité des eaux territoriales de Corfou a été notamment respectée lors du blocus de la Grèce par les Puissances en 1887.

---

(1) De Clercq, IX, p. 1.
(2) De Clercq, IX, p. 5.

CHAPITRE II

CONDITIONS D'EXISTENCE DE LA NEUTRALITÉ PERPÉTUELLE.

Nous avons dit que la neutralité perpétuelle d'un État
ne sera respectée que si elle est garantie par plusieurs autres États : on peut en dire autant de la neutralité perpétuelle d'une province. Cette dernière neutralité ne pourra
donc exister que si elle est l'objet d'une garantie internationale. De plus, comme pour les États, la garantie ne devra
pas seulement porter sur le maintien de la neutralité : elle
s'appliquera aussi forcément au maintien du *statu quo*
territorial de la province neutralisée. En effet ne pas garantir ce *statu quo*, ce serait mettre dans un état d'inferio-
rité la puissance garantie, qui ne peut déjà pas prendre
l'offensive par la province neutralisée, et qui serait alors
grevée d'une servitude sans compensation aucune.

Le traité de 1815 a donc eu pour effet de garantir la possession de la Savoie du Nord à la Sardaigne ; et c'est pourquoi l'article 2 du traité de 1860 a exigé le consentement
des Puissances garantes lors de la cession de la Savoie à la
France.

Il faut en conclure que le traité de 1864 garantit de
même la possession de Corfou à la Grèce.

Enfin, la neutralisation perpétuelle devant toujours être

une mesure prise dans l'intérêt de l'État garanti et des garants et non au préjudice de l'un d'eux, l'État, dont une province est neutralisée, devra donner son consentement à la neutralisation et traiter avec les garants sur un pied de complète égalité. Ce principe a toujours été observé ; la Grèce, en 1864, a été appelée à ratifier la neutralisation de Corfou ; quant à la Sardaigne, non seulement elle avait consenti à la neutralisation de la Savoie septentrionale, mais elle l'avait même sollicitée.

CHAPITRE III

Nous avons vu, à propos de la Savoie, quels sont les effets de la neutralité perpétuelle. L'État, dont une province est neutralisée, ne peut pas se servir du territoire de cette province pour y rassembler des troupes destinées à envahir un État voisin.

Mais, dans le cas d'une guerre défensive, la liberté de l'État en question reste entière. Non seulement il a le droit de prendre, dans le territoire neutralisé, toutes les mesures nécessaires à la défense de cette région ; mais même il peut faire passer par cette région ou y mobiliser des troupes nécessaires à la défense d'une autre province. La neutralisation est, en effet, établie dans l'intérêt du garanti, et non pour gêner sa défense. On voit par là qu'il importe peu de savoir, la France ayant renoncé depuis longtemps à faire des conquêtes en Italie, si la ligne de Culoz traverse ou non la Savoie neutre : cette ligne peut servir, dans tous les cas, à nos opérations défensives.

En dehors du droit de se défendre lui-même, l'État garanti a celui d'appeler à son secours les garants dans le cas où la province neutralisée serait menacée. L'article 92, par une dérogation aux principes de la neutralité perpétuelle, oblige la France à appeler d'abord au secours de la Savoie les troupes suisses. Mais il n'est pas douteux qu'elle pourrait ensuite, dans le cas où cela deviendrait nécessaire, appeler les troupes des Puissances qui ont garanti les dispositions de l'acte final de Vienne et qui ont ensuite approuvé la cession de 1860 : autrement la garantie donnée par ces Puissances serait complètement illusoire.

En temps de paix l'État garanti peut mettre dans la province neutralisée les garnisons qu'il lui plaît. C'est ce qu'ont reconnu pour la Savoie l'article 92 déjà cité, et pour Corfou le protocole du 25 janvier 1864, modifiant à cet égard le traité du 14 novembre 1863. Il peut y faire des manœuvres militaires et y élever des forts. Cette dernière faculté est consacrée, à l'égard de la Savoie, par l'article 90 de l'acte final ; mais le traité de 1863 ne la reconnaît pas au souverain de Corfou.

Il y a donc eu, à l'égard de Corfou, une dérogation aux principes de la neutralité perpétuelle ; celle-ci, en effet, a pour but d'augmenter la sécurité du garanti et non de l'affaiblir. Les exemples de cette sorte de servitude de désarmement, ainsi imposée à Corfou, ne sont, d'ailleurs, pas rares. Nous avons vu que l'article 8 de l'acte final interdisait à l'Autriche de fortifier Podgorce, petite ville voisine de Cracovie. De même, par le traité de 1862, la France et la Suisse se sont réciproquement interdit de fortifier la partie de leur territoire comprise dans la vallée des Dappes. Enfin l'article 29 du traité de Berlin a interdit de fortifier, sauf autour de Scutari, les rives de la Bojana et du

Lac de Scutari. Mais ce n'est qu'à Corfou et à Luxembourg, pour ne pas parler du petit territoire des Dappes, que cette servitude est combinée avec la neutralité. Ce sont là deux exceptions qui sont motivées par des considérations politiques : on doit d'autant moins les étendre que les traités, relatifs aux autres territoires neutres, se prononcent en faveur de l'affranchissement de ces territoires de toute servitude de ce genre.

Par rapport aux États garants, les effets de la neutralité perpétuelle résultent des principes qui précèdent. Ces États doivent s'abstenir de tout acte de nature à porter atteinte à la souveraineté de l'État garanti sur la province dont ils lui ont assuré la possession : ils doivent donc éviter d'entrer dans toute alliance ou dans toute combinaison politique qui pourrait avoir pour conséquence de compromettre cette souveraineté. Ils seront même obligés de faire respecter les droits de l'État garanti *par les tiers*, à moins qu'il ne s'agisse des droits de la Grèce sur Corfou qui ont été, comme nous l'avons vu, l'objet d'une garantie *restreinte*.

APPENDICE A LA TROISIÈME PARTIE

DE LA SITUATION INTERNATIONALE DU TERRITOIRE DE
MORESNET-NEUTRE

Nous n'avons point cité parmi les fractions d'État neutralisées le territoire de Moresnet-neutre. Ce territoire est, en effet, dans une situation spéciale qui a besoin d'être précisée.

On sait qu'en 1814 les commissaires de la Prusse et des Pays-Bas, n'ayant pas pu s'entendre sur le partage de l'agglomération de Moresnet et des mines de zinc qui en dépendent, laissèrent l'un des hameaux de Moresnet dans l'indivision.

L'état d'indivision de ce territoire dure encore ; seulement, Moresnet étant situé entre Verviers et Aix-la-Chapelle, c'est la Belgique, maîtresse du district de Verviers, qui a succédé en 1831 au royaume des Pays-Bas.

Le hameau indivis forme depuis 1814 la commune de Moresnet-neutre, dont les indigènes sont exempts de tout service militaire, et peuvent s'adresser, à leur choix, aux tribunaux prussiens ou belges. Les gendarmes et les officiers ministériels des deux États voisins ont accès dans le territoire indivis, et peuvent y arrêter leurs nationaux insoumis ou criminels.

Jusqu'en 1831 Moresnet-neutre aurait dû s'appeler plutôt Moresnet-indivis. Mais depuis 1831 l'épithète de neutre est parfaitement justifiée : le territoire indivis est, en effet, neutre sous condition résolutoire comme appartenant à la Belgique, qui est elle-même un État neutre et qui sera censée en avoir toujours été seule propriétaire si l'indivision cesse à son profit.

Remarquons aussi qu'aucun des deux États, souverains de Moresnet-neutre, ne pourrait actuellement le fortifier. Cela ne veut pas dire que Moresnet-neutre soit grevé d'une servitude de désarmement. Cela tient uniquement à ce que l'indivison empêche, tant qu'elle dure, chaque co-propriétaire de faire un acte impliquant un droit de propriété exclusif. C'est pour la même raison que les soldats de l'un des deux souverains de Moresnet ne pourraient occuper cette localité qu'en cas de trouble et en vertu d'un accord préalable.

CONCLUSION

Nous avons maintenant terminé l'étude des diverses
applications de la neutralité perpétuelle : il est temps de
porter un jugement sur cette institution, et d'en résumer
les inconvénients et les avantages.

Les inconvénients sont nombreux quand la neutralité
ne s'applique qu'à une seule des provinces d'un grand
État. Celui-ci peut être gêné dans sa politique extérieure
par cette neutralité qui ne lui procure qu'un avantage restreint ; d'autre part, il n'est pas tenu, comme l'État entièrement neutralisé, d'éviter tout acte pouvant le conduire
à la guerre, et, par suite, il aura trop souvent, en cas de
revers, à faire appel à ses garants, qui tiendront à s'affran-
chir d'obligations trop lourdes. On rencontre ici les inconvénients inhérents aux demi-mesures, aux institutions
imparfaites.

Mais, quand la neutralité perpétuelle s'applique à tout
un État, il est certain que les avantages l'emportent sur
les inconvénients. Elle donne, en effet, à l'État neutre une
sécurité qu'une Puissance de deuxième ordre ne trouverait
jamais dans ses propres ressources. Elle diminue, d'autre
part, les chances de guerre entre les États voisins, en dé-
robant les territoires les plus enviés, les positions stratégiques les plus importantes aux calculs des ambitieux et

des politiques. Elle offre enfin aux hommes pacifiques de toutes les nations un terrain commun où ils peuvent se rencontrer pour régler les intérêts généraux de l'humanité : c'est ainsi que Berne, où résident aujourd'hui le bureau international de l'union postale universelle, le bureau de l'union pour la protection de la propriété artistique et littéraire, le bureau international des télégraphes, le bureau de l'union pour les mesures à prendre contre le phylloxéra, etc., devient, au grand profit de la paix et de la civilisation, une sorte de capitale fédérale européenne, où se débattent les questions économiques intéressant toutes les nations. Que de fois aussi la Suisse et la Belgique n'ont-elles pas servi d'arbitres aux autres peuples ! leurs gouvernements sont les juges tout désignés quand deux grands États désirent régler pacifiquement leurs conflits.

Quelques publicistes, frappés des avantages de la neutralité permanente, ont cru arriver à établir la paix universelle en multipliant les États neutres. Il est facile de voir que ce système, qui suppose l'abandon par tous les grands États de leurs ambitions et qui leur demande de se résigner à l'immobilité perpétuelle, enserrés qu'ils seraient par un cordon d'États neutres, renferme une utopie. Ce qui fait la sécurité des États neutres, c'est leur petit nombre : leur création, bien loin d'être encouragée, doit, au contraire, être limitée par les conditions qui ont été indiquées dans cette étude.

De cette façon, la neutralité perpétuelle est avantageuse aux États garants aussi bien qu'à l'État qui en bénéficie.

Sans doute elle ne réduit pas leurs charges militaires, et elle interdit à l'État neutralisé les grandes conceptions politiques ; mais ces conceptions sont interdites aux États neutres par leur nature même de Puissances secondaires. Quant aux charges militaires des Puissances Européennes, elles ne seraient pas diminuées, elles seraient même augmentées, s'il n'y avait pas d'États neutres.

On a prétendu, il est vrai, que la neutralité perpétuelle serait violée le jour où un État belligérant aurait intérêt à le faire. On a même ajouté qu'en 1866 on avait négocié entre deux des États garants le partage de la Belgique et de la Suisse, et que celles-ci n'avaient dû leur salut qu'aux hésitations de Napoléon III. En supposant que cela soit exact, il n'en est pas moins vrai qu'on a hésité alors et qu'on hésiterait bien plus encore aujourd'hui, en présence des armements formidables de tous les États, à porter la main sur un État neutre. Sans doute aucun traité n'est indestructible ; mais il est certain que, malgré tous les changements qui ont eu lieu dans ce siècle, on voit la neutralité Belge durer depuis soixante ans et la neutralité Suisse approcher de son quatre-vingtième anniversaire. En admettant même que les traités de neutralité perpétuelle n'aient pas plus de valeur que les autres traités, ils ont du moins la même sanction, et, par suite, ils donnent toujours une sécurité de plus aux États qui les ont signés. Aucun homme d'État, si puissant qu'il soit, n'a intérêt à ce que l'on doute de sa bonne foi, de sa loyauté, de sa ferme adhésion aux conventions internationales. Là est

la seule force des traités, et cela suffit à leur donner toute
la stabilité que l'on peut exiger des œuvres humaines.
Cette stabilité sera d'autant plus grande qu'on aura conci-
lié avec plus d'impartialité les intérêts de tous les signataires, de sorte que la recherche de l'utile se confond ici
avec celle du juste. C'est parce qu'elle répond à tous ces
desiderata que la neutralité de la Belgique, de la Suisse et
du Luxembourg a été respectée jusqu'à présent et peut
avec confiance envisager l'avenir.

POSITIONS

DROIT ROMAIN.

Positions prises dans la thèse.

I. — Le sénatus-consulte d'Adrien, cité par Gaius (I, 77), ne s'applique pas à l'enfant né d'un Pérégrin *sine certd civitate*.

II. — Il n'y a jamais eu de concession générale de *connubium* faite à tous les *Latini veteres*.

III. — Le *jus connubii*, concédé à un Pérégrin, ne produira en sa faveur que les effets compatibles avec sa qualité de *non civis*.

IV. — Les concessions de *connubium*, contenues dans les diplômes militaires, ne sont pas rétroactives.

Positions prises hors de la thèse.

I. — L'*infantia* se termine à l'âge de sept ans.

II. — La constitution de Caracalla a eu simplement pour but de rendre citoyens romains tous les Latins coloniaires, ainsi que les Pérégrins vivant du temps de cet Empereur et capables d'obtenir le Droit de cité.

III. — Le patron, qui a pour concubine son affranchie, échappe aux sévérités des lois caducaires.

IV. — Dans le très ancien Droit romain l'usucapion pouvait toujours se produire sans juste titre et sans bonne foi.

DROIT CIVIL.

I. — Le successible renonçant ne doit pas être compté pour la fixation de la réserve.

II. — L'article 832 n'est pas applicable aux partages d'ascendants.

III. — L'action en nullité pour cause de dol est prescrite quand il s'est écoulé trente ans depuis la convention, lors même que le dol aurait été découvert depuis moins de dix ans.

IV. — Une femme séparée de biens ne peut pas, dans son contrat de mariage, se rendre incapable de cautionner son mari.

DROIT CRIMINEL.

La loi du 29 juillet 1881 sur la presse a laissé subsister l'article 84 du Code pénal.

ÉCONOMIE POLITIQUE.

Le travail national ne peut réclamer, pour se défendre contre la concurrence étrangère, que l'établissement de tarifs simplement compensateurs.

DROIT INTERNATIONAL.

Positions prises dans la thèse.

I. — La garantie donnée à la neutralité perpétuelle ne s'étend pas, en principe, à la constitution de l'État neutre.

II. — Il est permis aux Puissances garantes, limitrophes de

l'État neutre, d'élever des forts ou de créer des établissements militaires sur les frontières de cet État, à moins qu'une convention spéciale ou l'une des clauses du traité de neutralité ne s'y oppose formellement.

III. — Il vaut mieux pour un État neutre ne pas entrer dans une union douanière.

Positions prises hors de la thèse.

I. — La recousse-recousse doit être assimilée à une prise faite directement sur l'ennemi.

II. — Dans une guerre entre nations civilisées, les belligérants ont le droit d'employer à leur service des troupes sauvages ou barbares, pourvu que ces troupes aient des cadres supérieurs fournis par l'armée métropolitaine et soient soumises à la même discipline qu'elle.

Le Président,
RENAULT.

Vu par le Doyen,
COLMET DE SANTERRE.

Vu et permis d'imprimer,
Le Vice-Recteur de l'Académie de Paris,
GRÉARD.

TABLE DES MATIÈRES

9 782014 063905